아버지의 자전거

아버지의 자전거

초판 1쇄 인쇄   2010년 09월 01일
초판 1쇄 발행   2010년 09월 10일

지은이 | 정판수
펴낸이 | 손형국
펴낸곳 | (주)에세이퍼블리싱
출판등록 | 2004. 12. 1(제315-2008-022호)
주소 | 서울특별시 강서구 방화3동 316-3 한국계량계측회관 102호
홈페이지 | www.book.co.kr
전화번호 | (02)3159-9638~40
팩스 | (02)3159-9637

ISBN 978-89-6023-429-1 03810

이 책의 판권은 지은이와 (주)에세이퍼블리싱에 있습니다.
내용의 일부와 전부를 무단 전재하거나 복제를 금합니다.

아버지의 자전거

정판수 지음

책머리에

아버지는 엄격했다. 그러나 하는 일은 늘 부끄러웠다. 한 번도 변변한 직업을 갖지 못했다. 그러기에 동네건달조차 당신 앞에선 한 수 접을 강골이었지만 내겐 자랑보다 부끄러움이 먼저였다.

어머니는 아버지의 뒤치다꺼리만 했다. 시나브로 정을 뿌리고 심는 사이 '보살할매'가 됐다. 하여 자식들로부터 친척들에게까지 사랑과 공경의 대상이 되었다.

'쌔 빠지게' 세상을 산 아버지와 그림자로 만족한 어머니를 향한 이분법적인 평가를 보며 이제 아버지를 다시 생각한다. 그리고 당신 몫을 충분히 하셨음에도 모르고 지냈던 그 부분을 새긴다.

60년대 내 어린 시절의 삶은 참으로 팍팍했다. 팍팍하다보니 눈물과 아픔이 있었다. 허나 그 속에서도 웃음 또한 있었다. 웃음과 눈물과 그리움의 그 시절의 얘기를 덧댄다.

어떤 일이든 홀로 되는 일은 없다. 함께 공부하며 글을 쓰며 아름다운 시간을 나누었던 울산국어교사모임 선생님들, 그 중에서도 권지영, 김미숙 두 분 선생님의 공을 잊을 수 없다. 또 사랑하는 딸(꽃실)이 그림을 보태줌에 고마움을 함께 전한다.

2010년 여름, 경주 양남 달내마을에서

차례

05 _ 책머리에

제1부 아버지의 자전거

11 _ "똥 퍼!" "안 퍼!"
16 _ 물방개 장수
22 _ 부스러기 숯과 드럼통
28 _ 팔칸집의 요강 이야기
34 _ 산동네 빨간 집
40 _ 〈삐빠〉와 〈정협지〉
45 _ 부전시장 공중화장실
51 _ 좁은 집, 그러나 더없이 넓은 집
56 _ 머리로 배우려 말고 몸으로 익혀라
61 _ 아버지에게 자전거는 무엇이있을까?
66 _ 울 엄마의 세 가지 거짓말
72 _ 한겨울 나의 귓불을 시리게 한 바람
76 _ 내 목젖 올려다오
80 _ 울 엄마의 맛 나는 생활사투리
84 _ 바보와 보살

제2부 그리움이 담긴 추억의 서랍을 열면

90 _ 만병통치약 '두더지 소금'

95 _ 빼때기와 쫄때기를 먹으며

101 _ 쑥털털이를 먹으며

105 _ 오늘 아침에 다소 행복하다고 생각하는 것은

108 _ 홍시 감시 돼지 붕알

112 _ 아직도 살아 있는 월남벌레

116 _ 보림극장 '쇼' 이야기

120 _ 어린 날의 삽화 1 (머스마가 되기 위한 통과의례)

124 _ 어린 날의 삽화 2 (여우 사냥 이야기)

129 _ 방귀 이야기

133 _ 대모(代母)의 풍습

제3부 그때를 떠올리면 와 이리 가슴이 아프노

138 _ 하야리아부대(1)—동요 아닌 욕노래

143 _ 하야리아부대(2)—짬빵, 그 니글니글함의 절정

148 _ 하야리아부대(3)—아이노꾸, 아픔과 그리움

152 _ 하야리아부대(4)—갑미 누나, 감당할 수 없던 삶의 무게

156 _ 소눈깔 아줌마

160 _ 신발공장 공순이 신애

164 _ 구멍 난 팬티
169 _ 똥구멍이 찢어지다
174 _ 막내누나의 달비
178 _ 아이스케키 장사와 소나기
183 _ 예배당에 갔더니
189 _ 지우고픈 연탄가스의 추억

제4부 달내마을 이야기

194 _ 달내마을의 가을걷이를 통하여 배우는 교훈
200 _ 시골 어르신들의 따뜻한 말 한마디
204 _ 한 사람의 따뜻함이 마을을 바꾼다
208 _ 콩밭 매는 아낙네야
213 _ 낫질이 사라지고 있다
217 _ 비료를 많이 먹어 쓰러진 벼를 보며
220 _ 나무는 나의 스승이다
226 _ 나무로 만든 것들의 가치
229 _ 산국(山菊)을 꺾다 벌들에게 들키다
233 _ 한쪽의 부족함을 채워주는 깨감나무
237 _ 어울려야 아름다움은 더욱 빛난다
241 _ 까투리의 모성애

제1부

아버지의 자전거

"똥 퍼!" "안 퍼!"

우리나라에서 두 번째로 큰 도시인 부산의 중심지 서면에서 차로 5분, 걸어서 20분쯤 걸리는 곳이라면 제법 번화가일 거라는 선입견을 갖기 좋다. 그리고 그 선입견은 지금은 어느 정도 들어맞는다. 왜냐하면 어릴 때 내가 자라던 그곳은 아직도 산 쪽으로는 달동네가 여전히 존재하지만 큰길가로는 고급 아파트단지가 조성돼 있고, 조금 더 떨어진 성지곡수원지라는 곳은 어린이대공원으로 이름이 바뀌어 일 년 내내 사람들이 뻔질나게 드나드는 곳이기 때문이다.

그 시절 내가 살던 산동네 바로 옆 골짜기를 '똥골'이라 불렀다. 부산이 지금처럼 거대도시가 되기 이전엔 농사짓는 곳도 많아 통시에 똥이 차면 밭에 가져가 뿌리면 그만이었으나 인구가 늘어나고 논밭이 줄어들면서 문제가 생겨났다. 버릴 곳이 없어진 것이다. 아무데나 버릴 수 없게 되면서 생겨난 직업이 바로 '똥 퍼'였다. 아직 똥차가 다니기 전이라 적당히 버릴 곳도, 버릴 수도 없는 사람들을 대신하여 똥을 치워주는 그 일은, 마땅한 직업이 없는 이들이 일거리를 찾다 찾다 어쩔 수 없는 경우에 마지막으로 선택하는 거였다.

'똥 퍼' 아저씨의 작업도구는 간단하다. 푸는 도구인 똥바가지와 그걸 담는 도구 똥통, 져 나르는 도구 똥지게, 이 셋만 있으면 어디든 갈 수 있다. 아저씨는 그런 차림으로 돌아다니며 거둬들인 똥들을 동네에서 떨어진 골짜기로 갖다버린다. 그 골짜기가 시나브로 똥으로 뒤덮이면 똥골이 되고, 다시 그 냄새가 바람을 타고 마을까지 밀려들면 그 마을은 절로 똥골동네가 된다.

지게에다 통을 걸고 바가지를 든 아저씨가 떴다 하면 아이들이 어느새 모여든다. 원칙적으로는 "똥 푸세요!" 하고 네 마디로 소리 내야 했으나 외기 좋고 듣기 좋게 줄여 두 마디로 "똥 퍼!" 하고 외치면 아이들은 그 말을 받아 "안 퍼!" 하고 놀려댄다. 웬만큼 사업(?)이 되는 날이면 아저씨는 아이들의 그 소리를 그냥 귓가로 흘려버리나, 사업이 안 될 때 그럴라치면 지게를 내려놓고 꼬마들을 잡으러 온다. 그러면 달아나고……. 운 나쁘게 잡힌 꼬마들은 크게 혼난다.

그때 나는 여덟 살 무렵이라 아버지의 직업을 몰랐다. 다만 매일 아침 일찍 일 나갔다 저녁이면 돌아오는 모습만 보았을 뿐. 아마도 단벌이었을 양복을 입고, 단 한 켤레인 구두를 신고, 챙이 좁은 우묵 모자[1]를 쓴 채 밤새 집 안에 고이 모셔두었던(?) 자전거를 몰고나오면 나와 동생은 마치 사열식 검열을 받듯 대문 양쪽 옆에 서서 아버지에게 인사를 한다. "안녕히 다녀오세요." 하면 아버지는 "오냐." 하며 자전거 페달을 밟는다.

자전거! 아, 아버지의 자진거!

---

1) 중절모.

반백년이 가까워오는 지금도 그 시절에 아버지가 타고 다니던 자전거가 아직도 눈에 선하다. 아버지의 자전거는 고급도 아니고 새것도 아니고 돈을 주고 산 건 더더구나 아니었다. 뒷날 엄마에게 들은 얘기로는 도무지 쓸 수 없어 누가 버린 걸 갖고 와 여러 자전거점을 돌아다니며 필요한 부품을 얻어다가 완전히 새로 고쳐 만든 자전거였다.

처음 운전할 때 아버지의 긴장하던 모습과 굴러갈 때 흐뭇해하던 모습을 잊을 수 없다. 비록 사흘들이 가다가 멈춰 선 자전거였지만 아버지는 끔찍이도 그 자전거를 사랑했다. 딸 셋 아래위로 다섯 자식이나 잃고 늘그막에 얻어 귀염 받은 우리 형제였건만 다른 건 몰라도 그것만은 손을 못 대게 했다. 평소에도 엄격했지만 한 번 화나면 벼락 떨어지는 분의 영이라, 자전거는 우리에게 그림의 떡이었다.

아버지는 날이면 날마다 손질했다. 못 써 버려놓은 걸 고쳐선지 이내 늘어지는 체인을 죄고, 뻑뻑한 핸들도 거듭 돌려 자연스럽게 만들고, 새어나가는 타이어에 날마다 바람을 넣고……. 그뿐이랴, 겉은 또 얼마나 곱게 손질했던가. 바퀴살과 바퀴축은 기름걸레질로 광을 내고, 어디서 구해왔는지 머릿결에 바르는 오래된 포마드는 녹 방지용으로 썼으니…….

양복 입고 구두 신고 우묵 모자를 쓴 채 자전거를 몰고 출근하는 아버지의 모습은 기름때 잔뜩 묻은 작업복 차림으로 나가는 다른 애들의 아버지랑 비교할 때 너무도 자랑스러웠다. 허구한 날 엄마가 양복을 다리면서 내뱉는 "마 기냥 되는 대로 입고 가지. 머 대단한 일 한다꼬." 하는 짜증소리를 들을 때마다, '왜 저런 말을 하지.' 하며 엄마에게 눈 흘겨주다가 닦아놓은 아버지의 구두를 다시 한 번 손질하는 그 시간이 너무도 행복했다.

비오는 날을 제외하고 아버지의 일 나가는 시간은 정해져 있었으나 돌아오는 시간은 한결같지 않았다. 그래도 한 시간 정도의 오차만 있을 뿐이라 나와 동생은 아버지를 마중 나갔다. 언제나 아버지는 산으로 이어지는 길을 자전거를 타고 내려왔다. 그 길로 올라가면 숯막이 있고, 거길 더 지나 한참 가도 산마을만 나올 뿐 공장이라 이름 붙일 곳이 없는데도 아버지는 매일 그곳을 통해 내려왔다. 일 나갈 때처럼 한 점 흐트러짐 없는 그대로 양복 입고, 구두 신고, 우묵 모자를 쓰고, 자전거 탄 그 모습으로.

아버지는 우리를 보면 속도를 줄인다. 그러면 우리들은 그 뒤를 뛰다시피 따르고. 그 시간이 얼마나 즐겁던지. 특히 가을날 해 저물 무렵, 마지막 남은 햇살이 구름을 살포시 피하며 비스듬히 쓰다듬는 길을 따라 달릴 때면 그저 행복하기만 했다.

아버지의 직업을 알게 된 건 그 일을 그만둔 지 십여 년이 지나 내가 대학에 다닐 때였다. 우연히 친정에 들른 누나가 무심코 내뱉은 말을 캐물어 알게 되었을 때 받은 충격이란!

사실 '똥 퍼' 아저씨가 "똥 퍼!" 하고 손님을 부르면 꼬마들이 졸졸 따라다니며 "안 퍼!" 하며 놀릴 땐 나도 그렇게 했다. 아니 누구보다 더 신나게 즐겼다. 그런데 아버지가 바로 그 '똥 퍼' 아저씨였다니…….

아버지는 쉰이 다 돼 얻은 아들 둘을 키우기 위해 뭐든 하지 않으면 안 되었을 게다. 학교 문턱도 넘어보지 못한 깜깜무식에, 시골에서 쫓겨나다시피 무작정 도시로 나와 특별한 기술을 익히지도 못해 제대로 된 직장을 가질 수 없어 하다하다 못해 선택한 일이었을 터. 그나마 자식들에게 그런 모습 보이지 않으려고 우리 동네에서 아주 멀리 떨어진 다른 동네로 갔을 테고. 가까운 동네에서 일하면 단골 확보도 수월코 갖다버리는 곳도 가까워 훨씬 편했을 텐데도 그리 한 건 아마도 자식들에 대한 배려가 아니었을까.

아버지는 또 가족들이 눈치 챌까 봐 늘 한결같은 시간에 양복 입고 구두 신고 우묵 모자를 쓴 채 자전거를 타고 출근했으리라. 그런데 '똥 퍼' 일은 그런 차림이 도무지 어울리지 않는 직업이었다. 그래서 훗날 세월이 많이 흐른 뒤에 엄마에게 물어봤다. 당신도 한동안 아버지의 직업을 알지 못했다고 한다. 그냥 돈 벌러 간다는 한마디였고, 돈 벌어다 주면 그뿐이라 여겼고. 그런 중에 엄마에게 들키지 않으려고 무척 노력했으나 다른 사람들 입으로 옮겨지는 소문에 결국 들키고 말았으니…….

당시 엄마에게 가장 궁금했던 게 옷이었지 싶다. 양복 입고서는 그 일을 할 수 없을 뿐만 아니라 그 옷으로 일했다면 냄새가 배어 심하게 풍겼을 텐데 어떻게 된 일이냐고? 답은 산속 숯막에 있었다. 거기 주인과 안면을 튼 아버지는 일 나가면서 거기 들러 옷을 갈아입고 도구를 챙겨 갔다가 돌아올 때 다시 갈아입었는데, 숯막이다 보니 늘 따뜻한 물로 씻을 수 있어 몸의 냄새를 없앨 수 있었단다.

솔직히 아직도 아버지의 그 시절 직업은 부끄러움으로 남아 있다. 그러나 이제는 그렇게 감추고 싶었던 그 일을 떳떳이 이야기한다. 가족의 생계를 위해 어쩔 수 없이 택했던 그 직업을. 그러면서 날마다 깨끗한 차림으로 일터로 향해야 했던 아버지를 떠올린다. 그리고 가족들에게 그 모습을 보이고 싶지 않아 애썼던 그 마음을 생각한다. 그러면 어느새 아버지의 자전거가 떠오른다. 산의 숯막을 내려오는 길에 자전거 살대 사이로 비치는 햇살처럼 따스함과 함께.

물방개 장수

부산시 부산진구 초읍동에 있는 어린이대공원은 원래 성지곡수원지로 불리던 곳이다. 지금도 거기 터줏대감들은 어린이대공원으로 부르기보다는 성지곡수원지란 표현을 더 즐겨 쓴다.

그곳이 성지곡수원지로 있을 때는 외부인의 드나듦이 통제되었다. 6·25 참전 상이용사들이 철통같이 지키던 거기에 그래도 아이들은 몰래 들어갔다. 왜냐하면 먹을 게 참으로 많이 나왔기 때문이다. 감, 밤, 호두, 살구, 복숭아 등의 과일을 한 자루씩 따는 데는 한 시간도 채 걸리지 않았다. 그러나 그것을 따다 걸리면 아이들은 된통 경을 치러야 했다. 큰 못을 가로지르는 다리 양쪽에 상이용사 아저씨들이 버티고 서 있는 사이로 절도범(?)이 된 아이들은 토끼뜀, 오리걸음, 원산폭격 등의 체벌을 받았다. 아무리 반지빠른 꼬마라 해도 아래위 깊은 못이 있어 달아날 곳이 전혀 없으니 그런 체벌을 고스란히 받아들여야 했다.

그렇게 비공개적이었던 곳이 어린이대공원으로 문을 열기 몇 년 전부터 공개적인 쉼터로 바뀌면서 아버지의 직업도 비공개에서 공개로 바뀌게 되었다. 아마 아버지는 당신의 직업이 공개되는 걸 꺼렸을 것 같다. 전의 '똥 퍼'보다는 낫지만 그래도 남들에게 자랑스럽게 내보이기에는 좀 꺼려지는 일이었으니까. 허나 저절로 공개될 수밖에 없었다. 아버지가 성지곡수원지 정문 가까운 곳에서 '물방개 장사'를 시작했기 때문이다.

　물방개 장사라 하니 언뜻 물방개를 잡아다 파는 일을 연상할지 모르지만 물방개를 이용한 장사를 했다. 이 정도 표현만으로도 지금 쉰이 넘는 이들이라면 퍼뜩 감이 잡히리라. 세숫대야 두 배 크기의 둥근 양철구조물 안에 칸칸이 쳐진 가로막이 있고, 손잡이 부분에 덧붙인 양철판 위에는 갖가지 상품이 상품명과 함께 놓여 있고, 구조물의 한가운데에는 물방개를 떨어뜨릴 수 있도록 구멍이 만들어진 그것을.

　아버지는 몇 년 간 쓰던 자전거를 더 이상 쓸 수 없게 되자 큰돈(?)을 들여 중고 짐자전거를 사왔다. 그리고 그날 처음 나는 아버지의 자전거 뒤에 타고 동네를 한 바퀴 휘돌 수 있었다. 그때 얼마나 기뻤던지……. 전의 호차자전거[2]가 정상적이었더라면 뒤에 탈 수 있었으나 거의 못 쓰게 된 자전거를 뜯어고친 거라 탈 자리가 없어 그리도 타고 싶었건만 탈 수 없었다. 아버지도 그런 나의 마음을 읽었으리라. 그러니 사 온 즉시 태워주었을 테고…….

　그러나 그날이 뒤에 탈 수 있는 마지막 기회였다는 걸 알지 못했다. 그날 아버지가 들고 온 이상한 모양의 양철구조물과 포마드병에 든 물방개가 마음에 걸렸지만 그냥 넘겨버렸다. 그런데 다음날부터 짐자전거 뒤 짐칸은 바로 그 양철구조물이 차지하고 말았다.

　아버지는 비 오는 날을 제외하고는 아침마다 일찍 성지곡수원지로 나

---

[2] 줄여서 '호차'라고도 했는데, 뒤에 사람은 앉을 수 없는 대신 도시락 정도만 둘 수 있는 짐칸이 있던 자전거.

갔다. 하루라도 빠지면 누가 그 자리를 차지하기 때문이었으리라. 그곳에 도착하면 전을 벌인다. 자전거 뒤에 실은 양철구조물을 내리고 호주머니에 든 포마드병을 꺼낸다. 거기에는 머릿기름 포마드 대신 물방개가 들어 있다. 그런 뒤 상품을 늘어놓는다. 대부분 어른들을 상대로 하지만 간혹 소풍날에 아이들이 올 때는 상품이 달라진다. 어른들을 위한 미끼상품을 다 기억할 수 없다. 그래도 담배랑 박카스랑 원기소랑 껌은 기억 속에 또렷하다.

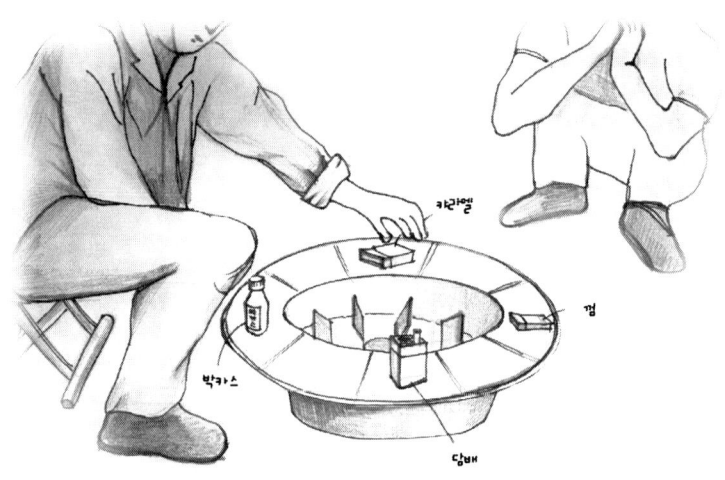

손님이 오면 아버지는 숟가락보다 조금 큰 국자를 들이 통에서 한가로이 놀고 있는 물방개를 떠 손님에게 건넨다. 그러면 그 손님은 가운데 구멍으로 물방개를 떨어뜨린다. 그 물방개가 헤엄쳐 가는 방향에 따라 상품이 결정된다. 그때 무엇이 가장 인기 상품이었는지 기억나지 않으나 가끔씩 환호성이 터지는 걸 보면 꽤나 괜찮은 상품도 있었던 것 같고, 또 '꽝'도 있어 아쉬워하는 소리를 들을 수 있었다.

아버지의 물방개 장사가 잘되었는지 못 되었는지에 대해선 알 수 없으나 그리 잘 되진 않았던 것 같다. 그때나 그 전이나 그 후나 가난은 여전했으니 말이다. 그리고 아버지는 이 직업 역시 부끄러워했던 것 같다. 한동안 엄마와 누나가 어디로 가시냐고 물어도 대답을 안 했으니.

그러나 거기는 워낙 사람들이 많이 드나드는 곳이라 금방 소문이 났다. 그때 우리와 한동네에 살던 시집간 누나가 하루는 집에 놀러 와서 아버지에게 "남세스럽다."면서 "그런 일을 왜 하느냐?"고 하자 굉장히 화를 냈던 게 기억난다. "니 두 동상 공부 니가 다 시킬래?" 하며 소리 높인 그 말에 누나는 머쓱해져 돌아갔고.

내가 아버지의 장사하는 모습을 본 것은 3학년 봄의 소풍날이었다. 그 당시 성지곡수원지 안에는 소풍이 허용되지 않았을 때라 바로 그 옆의 아리랑고개라는 곳으로 소풍을 갔다. 그런데 거기에 가려면 반드시 그 앞을 지나쳐야 했다. 한 줄로 서서 걸어가는 귓속으로, "야, 저기 물방개 봐라." "히야, 억수로 재미있겠다." 하는 소리에 나도 모르게 고개를 돌린 눈에 귀 쪽을 말아 올린 챙이 긴 군밤모자의 아저씨가 보였다.

처음에 아저씨가 고개를 숙이고 있었기에 누군지 몰랐다. 그리고 그렇게 모르고 지나가는 게 나을 뻔했다. 하필이면 그때 고개를 드는 게 아닌가. 물방개보다 더 까만 아버지의 눈동자를 보는 순간 고개를 홱 돌리고 말았다.

드물게 자상할 때도 있었지만 언제나 무섭고 엄격했던 아버지라 내게 항상 어려운 존재였다. 예순이 다 된 나이에도 동네에선 '호랑이 아저씨'로 통해 건달들이 얼씬거릴라치면 어느새 불호령을 내렸던 아버지였다. 미니스커트 입은 동네 누나들이 집 앞을 지나갈 때는 우리 집을 힐끔 한 번 쳐다보다가 내 눈과 마주치면 고갯짓으로 있는지 없는지를 확인한 뒤에 가곤 했다. 그런데 그런 아버지가 그런 일을 하다니…….

　그렇게 아버지의 모습이 작아 보일 수 없었다. 자전거 뒤에 싣고 다니던 큼지막한 양철구조물조차 다 가리지 못했던 그 널찍한 등판이 얼마나 좁게 보이던지. 물방개를 국자로 떠서 통 속으로 떨어뜨린 뒤 어디로 갈까 하는 기대감으로 반짝이던 손님들 눈 대신 비싼 상품이 걸리면 어쩌나 하는 불안감으로 가득했을 눈동자가 다시 제 크기로 돌아오기까지 얼마나 오그라들었을까? 또 간은? 그런 걸 생각하니 아버지의 그 순간은 거인 대신 작은이의 모습이었다.

　술래잡기, 수건돌리기, 다방구, 무궁화꽃이 피었습니다, 보물찾기 등 재미있는 시간이 이어졌지만 나는 하나도 재미없었다. 그예 소풍을 끝내며 선생님께서 아이들에게 "자, 이제는 집에 자유롭게 가거라." 하는 말이 떨어지는 순간부터 가슴이 조마조마하였다. 내려갈 길이 올라오는 길과 같아 어차피 다시 마주칠 수밖에 없고, 올라올 때와는 달리 아이들이 거길 들를 수 있고, 그러다보면 아버지를 아는 친구들이 있어 다음날 학교에 오르내릴 소문…….

　그곳을 지나치며 쏜살같이 내닫는 귀에 동무가 부르는 소리가 들려왔다. 같은 반의 바로 이웃집 동무였다. 누구보다 아버지를 잘 아는 애였다. 그 애가 부르는 소리를 듣는 순간 '올 것이 왔구나.' 싶었다. 모른 체 달렸다. 허나 아이들도 우르르 내려가고 있어 속도를 낼 수 없어 이내 걔가 옆에 와 섰다. 허지만 돌아보지 못하고 앞만 보고 서 있는데 동무가 여느 때와 다름없는 말투로, "같이 가자고 해놓고, 와 니 혼차 토끼노!" 하기에 걔의 눈을 슬그머니 들여다보았다. 조금도 이상스런 기미가 보이지 않았다.

고개 숙인 채 동무와 함께 걷는 중에도 아버지 얘기가 나오지 않았다. 아무래도 이상했다. 아버지를 보았다면 그냥 있을 애가 아니었다. 나중에 동무로부터 들은 얘기는 걔가 내려올 때 물방개 장수 아저씨가 없었다고 했다. 다행이었다. 걔가 보지 못했다면 아무도 보지 못했다는 뜻이었을 테니.

집에 돌아오자 아버지의 자전거가 가장 먼저 눈에 띄었다. 분명히 성지곡수원지에서 봤던 그 자전거였다. 뒤에 물방개놀이터가 붙은. 한 번도 이렇게 이른 시간에 돌아온 적이 없던 아버지의 자전거였다. 얼른 문을 열어보았다. 아버지는 보이지 않았다. 엄마에게 물어보았다. 점심때도 안 돼 돌아와선 식사한 뒤 어디론가 나갔다고 한다. 나도 모르게 크게 숨을 내쉬었다. 적어도 오늘까지는 아버지의 직업이 친구들에게 들통 나지 않았던 것이다. 그리고 그때 어린 나는 아버지에게 무슨 일이 있어서라고 여겼다. 그러니까 누군가와 오후에 만나기로 약속돼 있어 일찍 돌아왔다는.

이제는 안다. 아버지는 소풍 오는 애들을 보았고, 그 애들이 내가 다니는 학교의 같은 학년이라는 사실을. 그래서 재빨리 사업도구를 도로 자전거에 싣고 돌아왔으리라는 것을. 어린 아들의 가슴을 편하게 해주고 싶어 일찍 접었으리라는 것을.

가만 눈을 감는다. 아버지의 자전거가 떠오른다. 그 뒤에 실린 양철구조물과 포마드 통에 든 물방개도 함께. 이제 도로 양철구조물은 아버지의 등판을 완전히 다 가리지 못한다. 언제나 내 마음속에는 그 어떤 것보다 더 커다랗게 남아 있기에.

부스러기 숯과 드럼통

어린 시절, 마을 정경에 대한 추억을 그림으로 펼쳐놓을라치면 퍼뜩 떠오르는 정물화 중의 하나가 납새미가 철조망에 꼬치꼬치 걸려 있는 그림이다. 지금은 가자미란 표준어로 바뀌어 가자미회, 가자미튀김, 가자미찜, 가자미미역국, 또 북녘에 가면 가자미식해 등으로 이름을 날리면서 귀한 고기가 되었지만 그때 우리 마을에서는 납새미가 집과 집, 밭과 밭의 경계선인 철조망 가시에 아가미를 뚫린 채 줄줄이 걸려 있었다.

그 시절에 어떻게 그리도 많은 납새미가 잡혔는지 모른다. 다만 가장 흔했던 고기라는 사실만 떠오를 뿐. 얼마나 많았던지 '길 가는 똥개도 납새미는 물지 않는다.'는 말이 속담처럼 유행할 정도로 집집마다 걸려 있었다. 그 납새미를 지금처럼 다양한 요리로 해먹는 대신 그때는 조림 아니면 구이뿐이었다.

아, 납새미 구이!

이 두 낱말을 떠올리는 순간 내 입속엔 침이 절로 스르르 괸다. 다른 집에선 주로 조림을 해먹었으나 우리 집에선 늘 구이였다. 아무리 생선을 좋아하는 이도 찌개나 조림을 이틀 내리 먹으면 싫증이 나지만 구이는 늘 먹어도 물리지 않는다. 납새미를 날마다 구워먹을 수 있게 된 건 바로 우리 집에 끊임없이 숯이 공급되었기 때문이다. 아버지가 날마다 어디선가에서 부스러기 숯을 자전거에 가득 싣고 왔다. 이번에는 바로 그 숯 이야기를 하려 한다.

아버지가 숯장사를 하게 된 시기가 내가 몇 살 무렵인지 정확히 기억나지 않는다. 어린 시절의 기억은 퍼즐 맞추기처럼 조각 하나하나가 딱 들어맞을 때보다 한두 개씩 빠져 있을 때가 많기 때문이다.

요즘은 초읍동 어린이대공원 근처의 아파트와 주택 가격이 근처 다른 지역보다 주변이 친환경적이라 하여 더 높게 거래되고 있는 걸로 안다. 하지만 내가 어릴 때 거기 산다는 말은 가난하다는 말과 동의어였다. 해서 초등학교 다닐 때 그곳 아이들 대부분은 가난한 아이들에게나 급식으로 나눠주던 옥수수죽이나 옥수수빵을 타먹기 일쑤였다.

그때 그곳에는 적게나마 논밭이 있었고 산 쪽으로는 숯막도 있었다. 바로 아버지는 그곳의 한 숯막에서 숯을 사 시장으로 팔러 다녔다. 나중에 들은 바로는 부전시장은 물론 부산진시장까지 팔러 다녔다고 한다. 이때부터 아버지로선 자전거를 이용한 본격적인 장사를 한 셈이다. 물론 이전에도 자전거를 이용했지만 그때는 출퇴근용이었다면 이번엔 본격적으로 자전거를 이용한 일을 했다. 지금 그 노선을 아는 이라면 자전거로 거길 왔다 갔다 했다는 사실에 좀 의아해 하리라. 자전거로 물건을 싣고 다니기엔 너무 멀고 차량 통행량이 워낙 엄청나 위험하다고 여길 테니까.

솔직히 나는 아버지가 숯을 싣고 가는 광경을 본 적이 없다. 그러나 큰길가에 나가면 숯을 팔러 다니는 이들이 심심찮게 눈에 띄어 상상하기란 어렵지 않다. 짐칸에 앉은키보다 훨씬 높게 쌓인 숯을 실은 채 자전거를 요리조리 몰며 아슬아슬하게 사람과 차 사이를 빠져나가는 곡예에 가까운 묘기를 쉽게 볼 수 있었으니까.

초읍동에서 목적지인 부전시장이나 부산진시장까지는 거리가 꽤 되

지만 몰기는 어렵지 않았으리라. 길이 제법 경사 져 브레이크만 잘 조절하면 페달을 돌리지 않고도 수월케 내려갈 수 있기 때문이다. 반대로 올라오려면 힘들다. 하지만 그때는 빈 자전거일 테니 걱정할 필요가 없었을 테고.

다섯 자식의 아버지란 이름으로, 한 여자의 남편으로, 한 집안의 가장으로 살아가야만 했던 당신의 인생. 그때 자가용이기도 했던 아버지의 짐자전거가 시장에서 돌아올 때면 1막은 끝난다. 아니 1막만 끝났을 뿐이다. 아직 다음 막이 남아 있다.

아버지는 다시 숯막으로 올라갔던 모양이다. 그런 뒤 집에 올 때면 언제나 팔 수 없는 부스러기 숯을 가득 싣고 왔다. 분명 다 팔았으니 빈 자전거로 와야 했는데 언제나 짐칸은 돌가루 부대[3]에 담긴 숯으로 가득했다. 그때마다 어머니의 잔소리가 뒤따랐다.

"머할라꼬 또 갖고 오능교? 알아주는 사람 하나 없는데……."

그때는 엄마의 말을 이해할 수 없었다. 우리 집에는 숯이 필요했다. 석유풍로가 있긴 했지민 석유 구입에는 돈이 드는 대신 아버지가 갖고 온 숯은 그냥 갖고 오는 걸로 알고 있던 나로선 의아할 수밖에.

뒷날 들은 얘기로는 아버지는 시장에 가 직접 숯을 팔았던 게 아니라 거기 소매상에게 넘겨주었다 한다. 하루에 두 번 숯을 넘겨주고 나면 집에 아도 되련민 일부러 다시 숯막으로 가 거기 일을 도와주고 부스러기 숯을 가져왔다. 그 숯으로 우리 집에는 석유풍로 대신 화덕을 이용해 음식을 만들면 되기에 가져올 수 있다면 있는 대로 다 가져와야 했다. 그런

---

[3] '돌가루'는 '시멘트', '푸대'는 '부대'의 경상도 사투리.

데도 엄마가 싫어했음은 다른 이유가 있었다.

아버지가 갖고 온 부스러기 숯은 우리 가족이 다 쓰기에는 너무 많았다. 거의 날마다 갖고 왔기에 만약 그대로 쌓아놓았으면 황령산[4]만큼 높았을 거라고 엄마는 늘 과장하여 말했다. 그러니까 그 숯은 우리만 쓴 게 아니란 뜻이다.

아버지는 숯을 갖고 오면 드럼통에 갖다 붓는다. 그 드럼통[5]은 담 위에 걸쳐져 반은 집 안으로 반은 길가로 나 있었다. 거기에 숯을 쌓아두면 문제가 없었으나 오래된 드럼통은 구멍이 숭숭 뚫려 새는 곳이 많았다. 그런데 유독 담장 밖으로 난 쪽에 묘하게도 구멍이 집중돼 있었다.

드럼통의 부스러기 숯은 빠져나와 길가로 흘렀다. 그러니 그곳은 늘 숯투성이, 검댕투성이였다. 아마 지금 같으면 난리 났으리라. 길을 엉망진창 더럽혀놓는 걸 누군들 입대지 않을까. 그러나 숯이 떨어져 길이 더럽다고 뭐라고 하는 이는 아무도 없었다.

숯이 흘러 삐져나오온 걸 볼 때마다 나는 엄마에게 쪼르르 달려가 일러준다. "엄마, 숯 다 빠져나간다."고. 그러면 엄마의 대답은 "내사 모르겠다. 너거 아부지의 복장을. 이왕지사 남 좋은 일 할라꼬 했시면 마 기냥 갖다주면 될 낀데 말라꼬 저래쌌는지……."

아버지의 드럼통은 아마도 숯장사를 하는 동인 계속 그 자리에 놓여 있었지 싶다. 그리고 숯은 드럼통에서 계속 삐져나왔고. 나는 또 엄마에게 달려갔고. 엄마의 대답은 한결같았고. 또 다음날도 숯은 쌓였다가 삐

---

4) 우리 집에서 빤히 보이는 부산의 한복판에 우뚝 솟은 산으로 남구·수영구·연제구·부산진구 등 4구에 걸쳐 있다.

5) 사실 그때는 '도라무깡'이라는 일본어를 사용했다.

져나왔고.

 나이 들면 다들 진중해지고 욕심이 없어진다는데 나는 그 반대다. 나이 들수록 쓸데없는 말이 많아지고, 물욕과 명예욕은 끝 간 데를 모른다. 특히 내가 조금이라도 잘한 일이 있으면 혹 남들이 모를까 하여 노심초사하다가 넌지시 드러내곤 한다. 오른손이 한 일을 왼손이 모르게 하는 게 아니라 오른손이 하지 않은 일조차 왼손이 알게끔 애쓴다.
 드럼통의 구멍을 이용해 슬그머니 부스러기 숯이 삐져나가도록 만든 아버지를 머리로는 이해하지만 몸으로는 이해하지 못한다. 그래서 지금도 내 것만 찾는 게 아닐까?

팔칸집의 요강 이야기

아버지와 이어진 집에 관한 기억의 서랍 가장 깊숙한 곳에 들어 있는 건 초등학교 4학년 때쯤의 일이다.

그때 우리가 살던 곳은 연지동 럭키회사[6] 뒤쪽에 이루어진 마을이었다. 그때는 도시지만 동네라는 표현보다는 마을이라는 표현이 더 감성에 와 닿는다. 럭키회사 때문에 형성된 마을에 '팔칸'으로 일컬어지는 집이 있었다. 말 그대로 방이 여덟인 집이었는데, 이 이름은 고유명사처럼 사용되었다.

커서 들은 바로는 우리 마을에 팔칸집이 세 채 있었다고 한다. 아랫팔칸, 가운뎃팔칸, 윗팔칸 등의 이름으로. 팔칸집은 방으로 들어가는 문이 따로 있지 않고 부엌을 거쳐 들어가면 방인 구조로 돼 있었는데 이런 게 모두 여덟으로 여덟 세대가 거처하는, 요즘 식으로 말하면 다세대주택이었다. 그러니까 우리 가족이 살던 집, 아니 방은 아랫팔칸에 속한 여

---

6) 지금의 LG그룹을 낳게 한 주춧돌이 되는 회사.

덟 개의 방 중 하나였다. 큰 누나가 시집가 두 누나와 아버지, 엄마, 나, 동생 이렇게 여섯 명이 단간방에 살았다.

어릴 때 기억 속에 남아 있는 공간은 모두 그 당시에는 크게 느껴졌다가 어른이 되면 작게 느껴지는 경우가 보통이다. 그 시절 우리 마을 꼬마들의 야외수영장으로 성지곡수원지 안팎의 경계선에 홍해(洪海)라는 곳이 있었다. 그때는 그 이름만큼이나 넓어 이 끝에서 저 끝까지 헤엄쳐 가면 힘이 쏙 빠졌는데, 십여 년이 지난 어느 날 그곳에 들렀다가, 웬걸 동네 목욕탕만한 걸 보고 얼마나 실망했던가. 그런 이름을 붙인 게 민망할 정도로.

팔칸집의 그 방은 그 시절에도 매우 작았다. 여섯 식구가 함께 자던 그 때를 떠올리면 지금도 빡빡하다는 인상이 지워지지 않음을 볼 때 방이 정말 작았음에 틀림없다. 만약 여섯 명이 다 계속 그 방을 사용했더라면 기억 속의 '빡빡함'이 정말 빡빡하게만 저장되었을 테지만…….

아버지는 일 년의 절반을 밤마다 다른 곳에서 지냈다. 봄 중순부터 가을 중순까지. 즉, 추운 계절을 우리와 함께 팔칸집에서 지내다가 따뜻한 계절이 되면 밖으로 나갔다. 자전거를 타고. 아버지의 자전거는 도무지 쓸 수 없어 누가 버린 걸 갖고 와 여러 자전거점을 돌아다니며 필요한 부품을 얻어다가 다시 완전히 고쳐 만든 바로 그 자전거였다.

아버지가 밖으로 나가 지내는 곳은 해마다 달랐다. 어떤 때는 공사현장의 숙소였고, 어떤 때는 오랫동안 비워두던 집이었다. 오랜 시간이 지났음에도 그곳을 기억함은 저녁식사를 하고 잠 잘 곳으로 가고 난 뒤 가끔 아버지를 찾아오는 손님이 있어 아버지가 머무는 곳으로 데려다준 사람이 바로 나였기에.

아침이면 다시 아버지는 자전거를 타고 돌아왔다. 그리고 우리와 함께 식사를 하고 일터로 가고 저녁에 돌아와선 함께 식사를 하고 다시 아버지의 숙소로 돌아가고. 가끔씩 손님을 데리고 갔을 때 본 아버지의 모습은 늘 술에 절어 있었다. 그러다가 찬바람이 불면 따로 나가지 않고 우리와 함께 잤다. 그런 때는 별로 술을 마시지 않았다. 여섯 명이 자도 방이 좁지 않았다. 구들장의 불기가 싱싱해서였을까? 아니면 여섯 가족이 만들어 내는 체온 때문이었을까?

팔칸집에서의 추억은 그걸로 끝이 아니다. 방 여덟 개에 여덟 가족이 사니 아침이면 늘 전쟁이었다, 화장실 볼일 보기로. 엄마 얘기로는 그 팔칸집의 화장실은 달랑 한 개뿐이었다고 한다. 어떻게 여덟 가족이 한 개의 화장실을 사용했는지 지금으로선 도무지 상상할 수 없지만 그때를 기억하는 사람이 한 개였다니 한 개가 맞을 게다.

그 시절 팔칸집에 관한 적은 양의 기억 속에 그래도 지워버릴 수 없는 게 있다. 아이들이 공놀이를 할 정도로 꽤나 넓은 마당과 마당 한 구석에 놓여 있던 요강. 전시하기 위해 놓인 국화 화분처럼 여덟 개의 요강이 줄지어 늘어선 채 자리했다.

요강, 아 내게 아픈 추억을 남긴 요강!

틈만 나면 아이들은 마당에서 공을 찼다. 여덟 가족이니 또래의 아이들도 제법 되었으리라. 공이 돼지오줌보였는지, 새끼를 말아 만든 새끼공이었는지 혹은 작은 고무공이었는지는 기억나지 않는다. 어쨌든 지금처럼 학원을 가거나 구몬수학, 튼튼영어, 장원한자를 배워야 할 의무가 없는 아이들은 늘 모여 공을 찼다.

공을 차다보면 부엌문에 가 부딪히기도 하고, 구경하고 있던 엄마들에게도 날아가고, 어떤 땐 양철지붕 위로 날아가면 내려오는 소리가 한참 요란했다. 그러다 지붕 위 한 곳에 걸려 내려오지 못하면 빨랫줄을 버티고 섰던 바장대7)로 끌어내려야 했고…….

그러던 어느 날이었다. 넓은 마당에서 내가 찬 공이 열병식하듯 죽 늘어선 여덟 개의 요강 쪽으로 날아갔고, 이어서 들리는 '와장창' 하고 부서지는 소리. 바로 어릴 때의 기억 중 가장 잊고 싶은 사건의 시작이었다. 곧이어 주인아줌마인 듯싶은 이의 욕 섞인 큰 소리가 들리더니 뺨에 터지는 불벼락! 하도 엉겁결에 일어난 사건이다 고함소리가 계속 이어지고 있어 아파도 울음소리를 내지 못할 즈음, 엄마 소리가 들리고 막내 누나의 항의소리도 들리고 말다툼이 이어지다가 이내 여러 사람들의 두런두런 하는 소리에 묻혀갔다.

---

7) '바지랑대'의 경남 사투리.

스펀지에 잉크 스며들 듯 쑥 묻혀들었을 사건이 확장된 건 그 다음다음날이었다. 그날 내가 깬 요강은 정말 주인집의 것이었고, 내 뺨을 모질게 친 이는 주인아줌마였다. 아줌마가 때린 것을 본 엄마와 막내누나가 참지 못해 항의를 했고 이어 말다툼이 벌어졌던 것.

그날 그 사건을 엄마와 누나는 두 사람만의 비밀로 묻어두기로 했다고 한다. 아버지가 알면 그냥 넘길 사람이 아니었기에. 또 사실 그때만 해도 요강이 깨지면 그 집에 좋지 않은 일이 생긴다는 말이 미신처럼 유행하던 시절이라 엄마로서도 일이 크게 벌어지기를 바라지 않았다고 한다.

그런데 하필 엄마가 볼일 보러 나가고 아버지만 혼자 있을 때 주인아줌마가 들렀던 게 문제였다. 그래도 주인아줌마가 눈치껏 그냥 돌아갔으면 됐을 텐데 아버지에게 요강 값을 물어내라고 했고, 나중에 엄마를 추궁하여 일의 전모를 알게 된 아버지는……

난 위로 누나가 셋이 있다. 큰누나는 재작년에 칠순이 지났고, 둘째 누나는 내년, 막내누나는 다시 이 년 뒤다. 그러니까 막내누나와 나 사이에는 열한 살이라는 터울이 있다. 그건 위로 형 셋과 누나 한 명이 태어나자마자 병으로 죽었기 때문이다. 그러니까 다섯이 죽고(큰누나 위에 아들이 한 명 더 있었으나 죽었다고 함) 딸 셋밖에 없는 상황에서 태어난 아들. 아버지에게 나는 가난과 관계없이 정말 귀한 아들이었던 셈이다.

그날 주인집은 초상집이 됐다. 누가 죽었다는 말이 아니라 그야말로 박살났다는 말이다. 그리고 우리는 다음날 짐을 쌌다. 아니 쫓겨났다. 그리하여 산동네에 무허가 집을 짓지 않으면 안 되었다.

아버지에게 집은 어떤 의미였을까? 단지 가족들 모두가 잠을 잘 수 있는 공간, 아니면 편안히 쉴 수 있는 공간? 그렇지만 그 둘 모두 아니었다. 날이 따뜻해지면 방이 좁아 장정 한 사람이 빠지면 여유 있으리라 하여 슬그머니 다른 곳으로 옮겨가야 했고, 가족 중 누군가가 다른 이들에게 당했을 때는 서슴없이 버릴 수밖에 없었던 집은 아버지에게 영원한 거주의 공간도 아니었다.

가만 눈을 감는다. 팔칸집은 모두 같은 구조라 누구누구가 사는지 알 수 없었으나 우리 집, 아니 우리 방만은 표가 났다. 거기에는 아버지의 자전거가 있었기에. 비록 고물자전거였지만 아버지의 자전거는 늘 거기에 자리했다. 하지만 자전거도 우리와 함께 팔칸집을 떠나지 않으면 안 되었다.

산동네 빨간 집

팔칸집 사건으로 하여 우리 가족은 다음날 당장 짐을 싸야 했다. 원래 계획은 일 년쯤 뒤에 다른 곳으로 이사 갈 생각이었다고 한다. 그러던 게 좀 빨라졌다는 얘기. 아버지는 다시 셋방을 얻느니 이왕 이렇게 된 바에 우리 집을 갖겠다는 욕심을 냈던가 보다. 당신 힘으로 손수 지은 집을.

산마루턱에 말뚝을 네 개 박고 거적을 덮어씌운 곳에 짐을 옮기고, 우리는 산마을 아는 이의 집에 잠시 머물고, 그 길로 아버지는 집 지을 만한 제법 넓고 평평한 터를 고르러 다녔다. 얼마 지나지 않아 한 사람을 데려왔는데, 평소 아버지와 가까이 지내던 목수아저씨였다. 그날부터 아버지와 그 목수아저씨는 집을 지었다. 지금으로서는 도무지 상상할 수 없는 일일 게다. 아마 누구도 고개를 갸우뚱하지 않을 수 없으리라. 산에 가 적당한 데 터를 잡고 집을 짓는다?

며칠 안 되어 집은 완성되었다. 그런데 집이 완성되자마자 팔에 완장을 두른 이들이 곡괭이, 해머, 노루발못뽑이 등을 갖고 와 부숴버렸다. 처음 지은 우리 집이 부서지던 날은 마침 아버지가 볼일 보러 나가 그 광경을 보지 못했으나 돌아와 부서진 집의 잔해를 보더니 엄청나게 술을 마셨다. 다 때려죽인다고 구청으로 달려간 것 같다. 하지만 아무도

죽이지 못하고 경찰서에 들어가 며칠 있다가 나왔다.

두 번째로 집을 지을 때는 아버지도 요령을 터득했던 것 같다. 산마을에 집을 짓고 사는 이들에게서 배운 지혜이리라. 두 번까지는 반드시 부수러 오지만 세 번째는 안 온다는 정보를. 그래서 두 번째 집은 대충 지었다. 진짜 대충. 어차피 부서질 것이기에. 정말 두 번째도 부서졌다. 이어서 세 번째 집이 완성되었을 때는 더 이상 오지 않았다. 마을 사람들의 말이 들어맞은 것이다. 그 집에서 나는 고등학교 2학년 때까지 살았다. 집은 부서지지 않았지만 블록 담 한가운데에 붉은 페인트로 가운데를 가로지른 자국은 아랫동네로 이사 갈 때까지 남아 있었다.

집 모양은 팔칸집보다 조금도 나은 게 없었다. 지붕은 양철[8]이라 비가 오면 빗방울 떨어지는 소리가 낯선 손님이 찾아와 문을 가볍게 두드리는 듯한 소리에서 다듬잇돌 두들기는 소리로, 그러다가 따발총 소리로 들리기는 마찬가지. 그래도 방이 두 개였다. 더 이상 아버지는 후끈한 바람이 불어오는 늦은 봄부터 차가운 바람이 불어오는 가을까지 다른 곳에 자러 가지 않아도 됐다. 그때쯤엔 둘째누나도 시집을 갔기에 다섯 명이서 방 두 개를 사용했으니 전에 비하면 운동장처럼 넓었다. 그리고 큰 소리로 떠들어도 됐다. 옆집에서 누가 뭐라 할 사람 없었다. 주인집 요강을 깰 일도 없었다. 아니 우리가 주인이었고, 화장실을 따로 만들었으니 요강이 필요 없었다. 그러니 아침에 화장실에 줄지어 서 있을 까닭도 없었다.

변화는 또 있었다. 아버지의 자전거가 대문 입구에 버젓이, 당당하게 제 자리를 차지했다. 집에 들어오는 순간 가장 먼저 눈에 띄는 자리에 자전거가 놓였다. 전보다 더 자주 닦지는 않았지만 자전거는 언제나 아버지의 '사랑 1호'였다.

아버지는 거기서 만화방을 운영했다. 헌 만화를 바꾸러 내려갈 때나 새 만화로 바꿔 올라올 때도 자전거는 주요 운반수단이었다. 자전거를 끌고 아랫동네까지 내려가는 거야 쉬운 일이었지만 만화를 싣고 오는 상당히 번거로운 일이었음에도 반드시 자전거를 이용했다.

아버지에게 소중한 그 자전거가 내게는 애물단지였다. 가끔 아버지가 술을 마셨을 때는 내가 내려가 끌고 올라와야 했으니. 울퉁불퉁한 돌계

---

[8] 당시에는 이렇게 양철(함석)로 만든 집을 도단집이라 불렀다.

단 길을 끌고 올라오는 일은 그리 만만하지 않았다. 게다가 워낙 낡아 동네꼬마들의 놀림감이 아니던가. 몇 년 전만 해도 그렇게나 타고 싶었던 자전거는 그때부터 내게는 사랑의 대상이 아니라 증오의 대상이었다.

저절로 고장 나기를 기다렸지만 바람이 이뤄지지 않던 어느 날, 모질게 마음먹었다. 자전거가 고장 나면 더 이상 내가 고생할 필요 없다고 생각하며 그날을 기다렸다. 그리고 그날은 뜻밖에 빨리 찾아왔다. 이웃집 아저씨가 길 아래서 아버지를 만났다면서 아버지가 술에 취해 도무지 자전거를 끌고 올 수 없으니 나더러 내려와 달라는 전갈.

먼저 술에 전 아버지를 부축하여 겨우 집에 올라와 다시 자전거를 가지러 내려갈 때는 힘이 쭉 빠져 정말 아버지도, 자전거도 미웠다. 미움은 절정에 이르러 탕탕 부숴버리고 싶었다. 그러나 너무 드러나게 망가뜨리면 들통 날 수 있으니 머리를 써야 했다. 탕탕 부수지 않더라도 굴러가지 못하게 할 비책.

처음에는 핸들을 생각했다. 그러나 핸들은 다시 중고 부속을 구해 끼워 넣으면 그만. 타이어도 마찬가지였다. 체인도 역시. 그러다가 페달에 달린 축이 눈에 들어왔다. 바로 그거였다. 망치로 몇 번 내리친 다음 노루발못뽑이를 사용해 완전히 망가뜨렸다. 거기가 부서지면 고치기를 포기해야 한다. 그 부위를 통째로 갈아 넣지 않는 한 자전거가 굴러가지 않으니까.

다음날 새벽, 아버지의 고함소리와 함께 나와 막내누나, 동생 이렇게 셋이 사년 방문이 열렸다. 그리고 나는 먹살을 잡혀 끌려나왔다. 그러나 이미 대답이 준비된 상태. 어제 아버지가 하도 술에 취해 계단 길을 올라갈 수 없는데도 자전거를 끌고 올라가다가 이리 부딪히고 저리 부딪히다보니 그렇게 됐노라고.

아마 내 눈이 흔들렸다면 아버지는 의심했을 것이다. 이미 꾸미기로 작정한 상태에서 나는 연극배우였다. 태연을 가장한 설명에 당신 자신의 잘못으로 돌리는 듯했다. 거기다 엄마가 "이녁이 어제 술독에 빠졌다 아이요." 하는 덧붙임 설명이 결정적인 역할을 했다.

아버지는 슬며시 고개를 돌렸다. 멀리 보이는 황령산을 바라보는 듯했다. 잠시 그러고 있었다. 내가 아버지 눈치를 살피려 살며시 그쪽을 보는데, 그런데…… 아버지의 눈에…… 아버지의 눈에 맺힌 건 분명히 이슬이 아니었다. 그렇게 강하고 무서웠던 아버지가 그깟 중고자전거 부서졌다고. 없으면 없는 대로 살아도 하등 지장 없는 고까짓 고물자전거 부서졌다고…….

도무지 이해할 수 없었다. 그 시절 만화방 운영은 별 수입도 없었으나 누나가 회사에 다녀 살기가 그리 찌들지 않아 새 자전거를 사려고 하면 얼마든지 살 수 있었던 처지에 그깟 중고자전거, 고물상 들어가기 직전의 자전거가 부서졌다고 하여 아들에게 눈물을 보이다니……. 동네의 건달들마저 우리 집 앞에서는 발걸음을 조심해야 했던 그 강골이 그깟 고물자전거 부서졌다고…….

아버지는 그 뒤에 다시는 자전거를 구입하지 않았다. 대신 만화책을 묶어 어깨에 메고 돌계단 길을 오르내렸다. 처음에는 궁상맞게 자전거에 싣고 오르내리던 모습보다 훨씬 나아보였다. 그러나 시간이 지나면서 어딘가 낯선 이의 모습을 대하는 양 어색하였다. 먼저 꽤나 지쳐보였다. 자전거에 싣고 울퉁불퉁한 돌계단 길을 올라오는 것보다 어깨에 메고 오는 게 분명 덜 힘들었을 텐데도 말이다. 그리고 한쪽 옆구리가 휑하니 비어 있는 그 모습은 구도가 망가진 그림을 보는 듯했다. 언제나 한쪽 옆구리에 붙어 있던 자전거가 없어서일까?

대학을 졸업하고 취직한 직장에서 첫 월급을 탔을 때 용돈과 별도로 아버지께 자전거를 사시라며 돈을 드렸다. 그러나 그때 아버지는 "이제사 무신……." 하며 그냥 돌려주었다.

　문득 아버지가 정말 내가 저지른 범죄를 몰랐을까 하는 생각이 든다. 처음 잠깐 동안은 나를 의심하지 않았겠지만 바보가 아닌 이상 망가진 그곳은 의도적으로 힘을 가하지 않으면 부서지지 않을 곳이라는 걸 몰랐을 리 없는데……. 그때는 나의 명석함을 자랑하며 완전범죄라 여겼는데 이제 가만 생각해보니 결코 아닌 것 같다. 아버지는 그냥 자식의 허물을 덮어두려고 하신 것이리라. 그러기에 아버지의 자전거를 내 가슴 속에서 영원히 지울 수 없다.

〈삐빠〉와 〈정협지〉

나이 든 이로서 좀 부끄러운 고백이지만 나는 아직도 무협소설을 읽는다. 복잡한 사건으로 머리 썩일 일이 생기거나, 다른 일 하기에는 그렇고 그냥 무료한 시간을 보내야 할 경우에 주로 읽는다.

무협소설로서보다 무협지로 더 익숙하게 불리는 무협소설!

내 머릿속의 독서기록장에 가장 먼저 올라 있는 책도 무협소설이다. 최초로 무협지를 대했을 때는 중학교 1학년으로 기억한다. 무협지가 가장 먼저 저장됨은 아버지의 직업 때문이다. 아버지의 직업이 몇 개였는지 정확히 그 수를 기억하지 못한다. 다만 '똥 퍼', '물방개 장수', '숯장수', '만화방' 등을 거쳐 '공중화장실 청소'까지가 분명히 기억나는 직업들이다.

우리 가족이 세 들어 살던 아랫동네 팔칸집에서 나의 실수가 만들어낸 사건이 큰 파장을 일으키며 산동네로 옮겨간 다음에 아버지가 택한 직업이 구멍가게를 겸한 만화방 운영이었다. 그런데 구멍가게는 우리보다 더 좋은 여건의 자리에 다른 가게가 생김으로써 이내 포기하고 만화방만 독립적으로 운영했다. 아마 산동네에 오직 하나뿐인 만화방이었을 게다.

산동네! 나는 달동네란 말보다 산동네란 말을 더 즐겨 쓴다. 달을 가까이 볼 수 있고, 조금은 더 따뜻함을 느끼게 해주는 데다 낭만적인 뜻을 머금었다는 점에서는 달동네란 표현이 산동네보다 분명히 낫다. 그러나 아래 평지 동네에 살 수 없어 무허가로 산에 올라와 집을 짓고 사는 사람들에게 그 동네는 달동네가 아니라 산동네일 뿐이다.

아버지는 평소 "사램은 우짜던동 공부해야 하제. 사램으로 태어났다 캐서 사람이 되는 기 아니라 공부해야 사람이 되는 기라. 잘살라꼬 캐도 공부해야 하고, 기죽지 않고 살라꼬 캐도 반다시 공부해야 하능기라." 하며 공부를 무척 강조했다. 성적표를 읽어낼 능력이 안 돼 이웃집의 고등학교 다니는 형의 집에 가서 내 성적을 알고는 매를 들었다. 성적이 좋을 때는 가게에 있는 가장 맛있는 걸 먹을 수 있는 기회도 주었고.

아마 그 덕일 게다. 늘 공부를 강조한 덕에 이만큼이라도 사회생활을 하고 있는 게. 아직 사람이 됐다고는 자신할 수 없지만, 기죽지 않고 사는 건 다 아버지의 덕이다. 어쩌면 지금의 나보다 훨씬 더 당근과 채찍을 적절히 잘 섞어가면서 자식을 공부시켰던 것 같다.

만화책만 취급하던 아버지가 무협지까지 갖다놓게 된 까닭은 전적으로 나 때문이었다. 아버지는 초등학교 문 앞에도 가지 못했지만 혼자 한글을 익혀 쓰지는 못해도 받침이 아주 복잡한 글자를 제외하곤 읽기가 가능했다. 그러니 당시 인기 만화였던 〈의사 까불이〉, 〈삐빠〉, 〈라이파이〉 같은 제목을 읽을 수 있어 아이들에게 빌려줄 수 있었고, 또 다음 권을 요청하면 그걸 가져다 줄 능력은 되었다.

그런데 어느 날 만화도매상에서 만화책보다 더 돈벌이가 되는 무협지를 권했던가 보다. 아마 솔깃했으리라. 그러나 무협지는 아버지에게 무리였다. 한글을 읽어내는 능력이라 해봐야 겨우 만화 제목 읽는데도 상당히 애를 써야 하는 처지에 한자라니……. 그런 어려움 때문에 포기했던 무협지를 내가 중학교에 입학하면서부터 꾀를 냈던가 보다.

입학한 사흘쯤 뒤에 학교에서 한자를 배우느냐고 묻기에 "예." 하고 대답하는 순간부터 일은 벌어졌다. 한자는 초등학교 시절부터 배웠으니 쓰는 건 힘들어도 간단한 건 읽을 수 있었다. 해도 고작 중1짜리가 한자를 알아야 얼마나 알까마는 아버지는 내가 아무 한자나 다 읽을 줄 알았는가 보다.

입학한 지 한 달쯤 지났을까. 우리 집 만화방 한 구석에 무협지가 꽂혔다. 그리고 그날부터 나는 무협지 표지의 제목 옆에 한글로 토 다는 일을 해야 했다. 그런데 무협지의 제목은 대부분 중1 실력으로 해결할 수 없는 한자라 모른다고 해서 빠져나가려 했지만 불가능했다. 아버지의 기대에 찬 눈—사실은 겁을 주는 눈—때문에 적지 않을 수 없었다. 하다 안 되면 옥편을 찾아보면 되겠지 하는 마음으로.

알다시피 옥편을 찾는 것도 한자에 대한 교양이 어느 정도 있어야 가능하지 기초 한자도 제대로 못 깨친 중1짜리로서는 해결할 수 없는 일이었다. 그러나 이미 무협지는 들어왔고 다시 돌려주면 엄청나게 손해 본다는 아버지의 엄포에 어떻게든 하지 않으면 안 되었다. 결국 무협지마다 아버지가 읽을 수 있도록 제목에 한글로 토를 달아야 했다. 능력 밖이라 엉터리 제목도 제법 많았다. 하지만 빌려가는 사람들이 거의 다 동네 형들인지라 먼저 지적해주면 재빨리 바꿨기에 아버지는 그때 아들의 한자 실력을 대견하게 여겼으리라.

한자 제목에 한글 토를 달면서 저절로 무협소설을 가까이 할 수밖에 없었고, 이렇게 하여 무협지는 내 생활의 일부가 되어버렸다. 지금처럼 학교수업을 마친 후 방과후 학교다, 과외다, 학원이다 하며 공부해야 하는 부담을 못 느끼던 시절이라 집에 오면 방에 처박혀 무협지를 읽었다. 심지어 학교에까지 책을 가져가 쉬는 시간은 물론 수업시간에까지 몰래 읽기도 했다.

아버지는 내가 만화를 보는 건 절대로 허용하지 않았다. 가끔 몰래 만화를 읽다가 들키면 크게 혼이 났다. 그 이유를 정확히 알 수 없지만 아마도 공부에 전혀 도움이 안 된다고 여겼으리라. 그럼에도 무협지를 읽는 것에 대해서는 한마디도 하지 않았다. 제목을 달아주는 일을 했기 때문일까? 아니 그보다는 무협지는 책답다고 여겼던 것 같다. 많은 양의 글과 어려운 한자도 나오기에.

덕분에 당시에 나온 무협지를 대부분 읽게 되었다. 와룡생의 〈군협지〉, 〈비룡〉, 〈비연〉, 〈금검지〉 등의 수많은 작품과 우리나라 무협소설을 개척한 김광주의 〈비호〉, 〈정협시〉 등을 닥치는 대로 읽었다. 사십 년이 넘은 지금도 그 내용 중 일부가 기억에 남아 있는 작품이 있다. 여태껏 와룡생이 지은 작품인 줄 알았는데 반하루상이 지은 〈천살성〉이 바로 그것이다.

아버지에게 무협지는 특별한 의미를 지닌 책이었던 것 같다. 당시 신문에는 한자가 많아 아버지는 읽지 못해선지 유식과 무식의 기준을 신문을 읽느냐 못 읽느냐로 판가름했다. 어디서 들었는지 무협소설이 신문에 연재된다는 걸 듣고는 무협지 읽는 걸 허용했을 뿐만 아니라 적극 권장했다.

아버지가 당신이 다루는 무협지를 특별한 글로 여기게 되면서 훌륭한 사람에 대한 기준이 달라졌다. 나더러 "니도 이런 책을 쓴 사램맨치로 훌륭한 사램이 되야 하는 기라." 하는 말을 술 한 잔 하는 날이면 꼭 했다. 겨우 한글만 근근이 읽을 수 있는 아버지에게 글을 읽는 걸로 끝나지 않고 쓰고, 이야깃거리를 만들어 낸다는 그것이 대단한 일로 여겨졌으리라.

문득 드라마 〈불멸의 이순신〉의 원작소설 중의 하나인 〈칼의 노래〉와 자전거로 전국을 여행하며 쓴 기행수필집 〈자전거 여행〉을 펴낸 김훈이 우리나라 최초의 본격적인 무협소설가인 아버지 김광주 님의 영향을 받았다고 한 말이 생각난다. 그가 회고한 바에 따르면,

"나는 소년 시절에 병석에 누운 아버지의 구술을 받아서 무협지 원고를 대필했다. 그것이 내 문장 공부의 입문이었다. 가난은 가히 설화적이었다. 그 원고료로 밥을 먹고 학교도 다녔고 용돈을 타서 술을 마셨다."

아직 내 이름으로 된 책 한 권 못 낸 불효자식이지만 글 쓰는 일을 놓지 않고, 그것을 즐기면서 살아갈 수 있는 건 다 아버지의 공이다. 그런데 나는 아버지의 바람대로 아직 소설을 못 쓰고 있다. 겨우 생활글만 긁적거릴 뿐.

자전거에 무협지를 싣고 울퉁불퉁한 돌계단 길을 오를 때마다 아버지는 당신 아들이 제대로 된 책 한 권은 내기를 바라지 않았을까? 아버지의 자전거를 떠올릴 때면 언제나 그런 빚을 느낀다.

부전시장 공중화장실

자식이 부모를 닮는 건 당연하리라. 내가 아버지로부터 물려받은 유전형질 중에 자랑할 게 두 가지가 있다. 바로 머리카락과 이빨이다. 머리카락은 오십대 중반인데도 새치가 거의 없고 숱도 많다. 친구들 대부분은 염색을 하거나 벗어져 있는 터라 내 머리카락이 아직 검은 머리칼 그대로라고 하면 놀란다.

나는 머리카락보다 아버지로부터 물려받은 단단한 이빨(엄마의 이는 좋지 않았기에 이만큼은 아버지의 우성형질을 물려받았음이 분명하다)을 더 고맙게 여긴다. 스물여덟 개 중 아직 상하거나 벌레 먹은 게 거의 없이 단단하다. 아버지도 일흔두 살로 돌아가시기 전까지 상한 이가 거의 없었다. 그래서 늘 엄마 하는 말이 "니 아부지는 생쌀밥은 묵어도, 죽밥은 못 묵는다 캤다 아이가."였다. 밥은 물론 반찬 중에 단단한 거나 씹히는 게 없으면 젓가락이 한참 상 위를 맴돈다.

이가 단단하다보니 한 가지 생긴 식습관이 이틀에 한 번꼴로 생선회를 먹는 거였다. 생선회도 뼈를 비른 것보다 뼈 있는 상태를 더 좋아했다. 이 세상 소풍 끝내고 돌아가는 날 아침에도 뼈를 오도독 씹어야 제대로 맛을 느끼는 개상어에 젓가락을 올렸다 하니……. 아마 지금처럼 생선회가 비싼 시절이라면 그런 호사를 누리지 못했을 것이나 그때는 어물도매시장에 가면 버리다시피 하는 싼 생선을 쉽게 구할 수 있었다.
 아버지가 하루건너 생선회에 젓가락을 올려야 하면서 집에서 가까운 부전시장에 자주 드나들게 되었다. 자세히는 모르지만 거기 한 어물전에서 일을 도와주고 고기를 얻어 왔던 것 같다. 그리고 시장을 부지런히 드나들면서 얻은 직업이 바로 시장에 딸린 공중화장실 청소였다.

 집에서 걸어 20분쯤 되는 거리를 아버지는 자전거를 타고 출퇴근을 했다. 그때도 아버지의 자전거는 새것이 아니라 중고였다. 매일매일 손보지 않으면 몰고 다니기도 힘든.
 그 무렵의 나는 중학생이라 스스로 자전거를 탈 능력이 있었으나 아버지의 자전거를 탈 수 없었다. 타지 못하게 했기 때문이다. 아, 딱 한 번 아버지의 자전거를 탈 기회를 가졌다. 아버지가 사촌형 결혼식에 참석하러 시골로 갔을 때였다. 내가 자전거를 몰고 나가는데 어머니가 "난중에 니 아부지한테 들키면 맞아죽는다 캐도." 하는 두 번의 경고를 한 귀로 흘리며 신나게 타고 다녔다.
 그런데…… 적어도 시골 가면 이틀 이상은 머물다 오는 걸로 알고 신나게 즐겼는데 예상보다 일찍 돌아온 아버지에게 딱 걸리고 말았다. 그날 얼마나 혼났는지는 오래전의 일이라 구체적으로 기억나지 않는다. 그러나 아버지는 언제나 '여기까지…….' 하는 식으로 금을 그어놓고 그 금을 넘으면 그냥 두지 않았으니 된통 경을 치렀을 게다.

 아버지가 부전시장 공중화장실에서 한 일은 두 가지였다. 하나는 이용자들에게 돈을 걷는 일이었고, 다른 하나는 청소. 그때 한 사람이 한 번에 내는 돈이 얼마였는지는 또렷이 기억나지 않는다. 다만 그렇게 모은 돈으로 아버지처럼 청소하는 이에게 월급을 주고, 또 분뇨수거차가 와서 처리하는 비용을 감당할 정도가 아니었나 생각된다.

드나드는 사람들이 던지는 동전이 돈통에 떨어지면서 내는 소리는 화음이 제대로 맞지 않는 교향악과도 같다. 한 사람씩 와서 던질 때는 바로 통에만 맞고 떨어지는 소리인 '텅' 만이거나, 통에 맞고 다시 튕겨 다른 동전에 맞으면 '텅!' '쨍!' 하는 연속된 소리가 났다. 그러나 여럿이 밀려들면서 나는 소리는 화음이 뒤죽박죽이 된다. '텅 쨍!', '쨍 텅!', '텅 쨍 텅!', '쨍 텅 쨍!' 하고.

사람이 뜸해질 무렵이면 아버지는 청소를 했다. 학창 시절에 가장 무섭고 하기 싫어하던 것이 바로 화장실 청소가 아니었던가. 잘못을 저지른 벌로 청소하는 곳이 화장실이었고, 범법자(?)가 생기지 않을 때는 청소를 맡은 아이들이 죽을상을 하고 가야 할 곳이었다. 한 손으로 코를 막고 다른 한 손의 고무관으로 물을 내뿜으면 다음 아이는 역시 한 손으로는 코를 막은 채 다른 한 손으로 비질을 한다. 그러나 순탄한 경우에야 코 막고, 물 쏘고, 비질로 끝나지만 막혔을 때는 정말 난감하다. '뚫어 펑'으로 뚫리지 않을 때는 진짜 죽을 맛이었고.

아버지도 마찬가지였다. 청소할 때 보면 아이들과는 달리 손으로 코를 막는 대신 마스크를 했을 뿐 다른 과정은 똑같았다. 긴 고무관으로 변기를 향해 물을 쏜 뒤 비질을 했다. 더러운 건 둘째 치고 고약한 냄새 때문에 하루에도 몇 차례 거듭하지 않으면 안 되었으리라.

학교에 갈 때면 아버지의 자전거는 대문 옆에 세워져 있었다. 그걸 볼 때마다 '일요일엔!' '이번 일요일엔!' 하고 되뇌었다. 아버지는 점심을 시장통에서 사먹어도 되련만 꼭 집에 들렀다. 아마도 점심값조차 아끼려는 마음에서였을 게다. 그런데 일요일만은 내가 도시락을 갖다드렸다. 그렇게 하라고 누가 시킨 건 아니지만 그 일만은 자청했다. 도시락을 먹는 잠깐 동안이나마 자전거를 마음껏 탈 수 있었기에.

자전거를 몰고 나가면 우선 시장 가운데를 지난다. 그런 뒤 하야리아 부대9) 쪽으로 간다. 이 부대를 다 돌려면 적어도 한 시간은 족히 걸리니 다 돌지 못하고 시장에서 부대 정문까지 갔다왔다한다. 그러면 20분쯤 걸린다.

그렇게 즐기던 어느 일요일이었다. 그날도 시장 안으로 자전거를 조심스럽게 몰다가 사람이 뜸한 장독가게쯤 왔을 때 속도를 올렸다. 이곳에선 노상 그 정도로 속도를 냈던지라 페달에 힘을 주는데 갑자기 샛길에서 급히 나오는 손님을 피하려고 옆으로 핸들을 돌리는 순간 뭔가에

---

9) 부산시 부산진구 연지동, 범전동 등 여러 동에 걸쳐 있던 미군부대 이름.

'꽝' 하고 부딪혔고 그 충격으로 자전거와 함께 쓰러졌다.

아픔보다 더 먼저 반응한 불안감에 떨며 몸을 일으키자 눈에 들어온 건 말 그대로 '와장창'이었다. 장독 몇 개가 산산조각이 나 여기저기 흩어져 나뒹굴고 있었다. 사람들이 주위로 몰려들고 누군가의 입에서 "변소 아저씨 아들이다!" 하는 소리에 이어 주인아저씨의 고함소리가 들려왔다. 그러나 그보다 저만큼에서 달려올 아버지를 기다리는 그 순간이 얼마나 무서웠던가. 아버지를 보는 순간 절로 눈이 감겼다. 그런데 아버지는 내 무릎부터 잡았다. "피사 좀 나도 장독쪼가리가 안 박혔은께네 마 괜찮다. 고만하면 다행인기라." 하며.

그날 밤 아버지는 그 일에 대해서 아무 말 안 했지만 어디서 들었는지 엄마가 화내며 하는 말을 통해 대충의 사건 처리과정을 알게 되었다. 장독 몇 개 깨뜨린 건 아버지가 사과의 말과 함께 보상하기로 해 잘 무마됐다는 것.

하지만 다음날 아침 아버지의 자전거를 보았을 때 또 한 번 공포감을 느껴야 했으니……. 중고자전거가 다시 고쳐 쓸 수 없을 정도로 망가진 채 대문 옆에 비스듬히 세워져 있었다. 맞아죽을 각오를 하고 학교에 갔다가 돌아와 아버지를 기다렸는데, 저녁에 만난 아버지는 "정갱이 마이 아플 낀대?" 하는 말 한마디뿐이었다.

너무 뜻밖의 조치에 도무지 영문을 알 수 없었다. 전에 몰래 자전거 몰다 들켜 호된 경을 친 것에 비하면 이건 아무것도 아니잖은가. 그때는 아버지가 하지 말라고 금시해놓았던 걸 했을 뿐이지만 이번에는 장독값 변상과 더불어 자전거를 완전히 망가뜨렸으니 예전보다 더 큰 엄청난 잘못을 저질렀는데…….

지금도 그때 아버지가 한 말이나 일 처리를 잘 이해하지 못한다. 다만 한 가지 생각할 수 있는 건 당신이 허락하신 일과 허락하지 않은 일에 대한 평가가 달랐지 않을까 하는. 즉, 앞의 행동은 당신이 그어놓은 금을 넘어섰기에 당연히 내린 체벌이었다면, 장독 사건은 당신이 타라고 허락했기에 그 사안에 대한 처리 방향이 달랐으리라는 것.

아버지는 그날 이후 한동안 자전거 없이 걸어 다녔다. 걸어가는 모습을 볼 때마다 얼마 동안 미안함과 죄스러움을 느꼈지만 그것도 시간이 지나면서 잊혔다. 그래서 언제쯤 아버지가 자전거를 다시 몰게 됐는지 기억나지 않는다.

어느새 나도 그때의 아버지만큼 나이를 먹었다. 그러나 아들과 딸에게 그러지 못한다. 그런 깨달음을 주지 못한다. 아이들에게 맺고 끊음을 제대로 가르치지 못하고, 간혹 아이들이 잘못을 저질렀을 때 무조건 화부터 내거나 아니면 꼭 지적해야 할 사항임에도 대충 넘어갈 때가 많다. 비록 그때의 아버지처럼 매를 자주 들지 않아 언뜻 자상해보이지만 또렷하게 깨달음을 주는 교육을 하지 못한다. 깨진 장독을 보는 대신 무릎을 만지면서 자식의 다침을 먼저 걱정하는 그 마음을 갖고 있지 못하다. 그때 아버지의 자전거는 분명히 내게 자식을 가르칠 때 무엇부터 해야 하는지 잘 가르쳐주었는데도. 비록 시상에서 돌아오는 사전서에 실려 있는 건 고작해야 고등어 한 손이나 배추 세 포기였어도 말이다.

좁은 집, 그러나 더없이 넓은 집

아버지와 엄마는 당신들 나이 스물다섯, 열여섯에 결혼하여 한동안 경남 하동에서 살다가 땅 한 마지기가 없어 남의 논을 부쳐 먹어야 하는 가난을 벗어나고자 1955년에 부산으로 옮겼다 한다. 그때 나는 엄마 배 속에 든 상태였고. 그러니까 나는 부산에서 태어났지만 모든 문화적 배경은 서부 경남일 수밖에 없다.

엄마가 만들어주는 먹거리류─예를 들면 신냉이[10]로 담은 김치, 제피 잎사귀로 만든 지, 말린 고구마를 삶아 푹 곤 빼때기죽, 쑥에 쌀가루를 발라 찐 쑥털털이 등─와 부모님과 누나 셋이 쓰는 서부 경남 사투리……. 그리고 시도 때도 없이 고향에서 몰려온 친척들이 배달해준 서부 경남의 문화들.

친척들!

가장 먼저 부산에 터전을 잡았기 때문일까? 우리처럼 시골에서 도시로 옮기려 마음먹은 친척들은 곧장 행동으로 옮기지 못하고 다들 자신

---

10) '씀바귀'의 경상도 사투리.

의 아들딸을 먼저 내려 보냈다. 그들이 기반을 잡을 때까지 잠시 머무르다 가는 곳이 바로 우리 집이었다. 아니 잠시라 했지만 아무리 짧아도 석 달은 넘었고, 5년 이상 머무른 사촌도 있었다.

낯선 도시에 특별한 기술도 없이 자리 잡으려면 힘들었을 터라 누군가에게 의지하고자 하는 마음이 들었을 게다. 그 역할을 한 곳이 바로 우리 집이었다. 즉, 우리 집은 내게는 사촌형님이나 사촌누나, 아버지에게는 조카 되는 친척들이 부산에 내려와 일터를 잡거나 안정될 때까지 머무는 간이역이었던 셈이다. 그 덕(?)에 그 좁은 방에 친척이란 군식구가 늘면서 더욱 좁게 지낸 건 불을 보듯 훤한 일.

아버지는 엄격했다. 조카들이라고 특별히 봐주지 않고 자식처럼 엄하게 지도했다. 귀가시간이 늦거나 눈에 어긋난 행동을 하면 사정없었다. 두 번쯤은 봐주다가도 세 번을 범하면 바로 쫓아냈다. 그러기에 공짜로 먹여주고 재워줬건만 쫓겨난 이들로부터는 별로 좋은 소리를 듣지 못한 것도 사실이다. 그러나 뚜렷한 가르침도 주었다. 가장 먼저 가르친 건 빠른 시간 안에 집을 가지라는 것, 다음으로는 자전거 타는 법.

집을 가져야 한다는 가르침과 자전거 타는 법도 배워야 한다는 가르침이 사촌들의 삶에 얼마나 도움이 되었는지 알 수 없다. 하지만 지금도 어른들이 성년에 이른 자식들이나 아랫사람에게 가장 먼저 집을 장만하라는 말을 하고, 다들 집 장만에 애쓰는 걸 보면 제대로 된 가르침이 아닌가. 자전거야 요즘엔 굳이 따로 배울 필요가 없겠지만 이것도 살아가는 데 필요한 최소한의 기술이라 여기면 될 터. 즉, 운전에 빗대면 되지 않을까. 단지 출퇴근이나 여행 등에 필요한 운전도 있지만, 조그만 장사를 하려 해도 트럭을 몰 수 있어야 하는 세상 아닌가.

아버지에게 집이란 단순히 사람이 머무는 곳이라는 의미만이 아니었다. 가족의 질서가 지켜지고 예의도덕이 존재하는 그런 공동체였다. 그래서 규칙을 정해놓았고, 그 적용과 결과 처리에 무척 엄격했다. 거기에 어긋나면 가족이든 친척이든 가리지 않고 제재를 가했다.

먼저 함께 저녁 먹을 시간을 반드시 지켜야 했다. 그리고 절대로 다른 곳에서 자고 오는 건 허용하지 않았다. 그걸 당신이 먼저 실천했다. 식사 시간에 늦지 않았고, 방이 비좁아 다른 가족을 위하여 일부러 딴 곳에 가서 자야 할 경우 외는 반드시 집에서 잤다.

아버지 제사를 모시고 나면 엄마는 늘 아버지를 이렇게 평하였다. "마 좋은 일 해주고 실컷 욕만 들어묵은 사램이 바로 니 아부지였던기라." 또는 "니 아부지맨치로 어리석은 사람도 없재. 도아줄라캤으면 끝깨지 도아줄 끼지 꼭 나중에사 야단쳐 내쫓가버렸다 아이가."

엄마 말대로 15년 넘게 우리 집에 머물다 나간 친척들 중 반쯤은 야단맞고 쫓겨났다. 어느 날 학교에 갔다 와서 저녁 먹을 때나 잠 잘 때 볼 수 없으면 사촌형과 누나는 쫓겨났다고 보면 딱 맞다. 그래도 지금까지 친척들과 늘 놀리지 않고 좋은 관계를 맺은 건 다 엄마 덕이다. 영화 속에서도 악역 전문배우가 있으면 좋은 일을 맡는 배우가 있듯이 쫓겨난 친척들을 뒤에서 다독거린 이가 바로 엄마였다.

한번은 아버지 제삿날 이런 말을 했다. "이제사 생각해보니 니 아부지가 다 꿍심이 있어서 그리 했을 기라."는 말. 무슨 뜻인지 이해 못하는 우리들에게, "마 암만캐도 니 아부지가 조카들이 나가야 할 때가 된께네 부러 쫓아냈을 기라." 하고 덧붙였다.

그래도 무슨 뜻인지 몰랐는데 엄마의 설명을 듣고 누나 셋과 나와 동생의 입에서는 "말도 안 돼!" 하는 말이 동시에 터져 나왔다. 엄마의 설명에 정색할 수밖에 없었던 건 당시로선 도무지 받아들이기 어려운 해

명이어서다. 엄마는 사촌들이 어느 정도 돈을 벌어 독립할 때가 되자 아버지가 일부러 쫓아냈다는 것. 그럼 좋게 타일러서 내보지 왜 그랬냐고 묻자 그렇게 해야 나가선 다신 돌아와 본들 의지할 곳이 없으니 악착같이 돈을 벌지 않겠느냐는 해명.

사실 그때 나의 반응도 다른 형제들처럼 "말도 안 돼!"였다. 그런데 이제 생각해보니 그럴 듯하다. 아버지가 전에도 터진 드럼통에 담은 부스러기 숯을 모른 체하고 담 밖으로 흘려 내보낸 일들을 보면 남들에게 따로 설명한 적이 없었다. 그냥 당신 혼자 아는 상황에서 모든 일이 진행되지 않았던가. 그리고 보면 '세 번 어기면'이라는 규정이 꼭 세 번이었는지 알 수 없다. 내가 야단치는 자리에 언제나 있었던 것도 아니니까.

사촌들 입장에선 공짜로 먹여주고 재워주는 장소가 있다는 게 얼마나 편할 것인가. 허나 아버지의 입장에선 달랐을 게다. 아직도 시골에 남아 있는 조카들이 수두룩한 판국에 한 명만 계속 데리고 있으면 다른 조카를 받아들일 수 없었으리라. 내쫓을 핑계를 생각하다가 잘못에 대한 꾸중으로 마무리하려고 생각했을 것 같다. 어디서든 일을 하다가 잘못하면 언제든 내쫓길 수 있으니 항상 조심해서 생활하라는 교훈을 심으면서.

그러나 그렇게 생각해도 썩 좋은 방법이었다고는 생각지 않는다. 좀 더 다른 방법, 원망을 듣지 않고도 교훈을 주면서 자연스럽게 내보낼 방법이 정말 없었을까. 막상 책상에 앉아 궁리해봐도 적당한 게 떠오르지 않는다. 아마 아버지도 고민했으리라. 그리고 지금의 나처럼 좋은 방법이 떠오르지 않았을 테고.

엄마가 덧붙인 이야기가 생각난다. 그때 아버지가 사촌들을 쫓아내고 난 뒤 꼭 엄마더러 사촌 사는 곳에 들러 밑반찬이랑 방청소를 해주라고 했단다. 그러니까 늘 "마 좋은 일 해주고 실컷 욕만 들어묵은 사램이 바로 니 아부지였던기라." 하는 말이 이해된다. 그런 덕에 엄마는 천사 역을 맡아 언제나 좋은 숙모로 남았고.

분명한 건 한 사촌이 쫓겨나면 한 달도 안 돼 다른 사촌이 우리 집에 들어왔다. 그리고 다시 쫓겨나고, 다시 들어오고. 그런 일이 15년 넘게 계속되었다. 바로 좁디좁은 우리 집에서. 아니 우리 방에서.

머리로 배우려 말고 몸으로 익혀라

아버지는 손재주가 남달랐다. 손에 톱과 망치, 끌, 대패만 쥐면 뭐든 뚝딱뚝딱 잘 만들어 냈다. 목수 직업을 가진 적이 한번도 없었으나 아마 목수로 일했어도 한몫했으리라.

아버지가 만든 작품은 주로 방안에서 쓸 도구였다. 마당에서 쓸 도구로는 토끼를 키울 때면 토끼장, 닭을 키울 때면 닭장…… 방안에 쓸 도구로는 선반, 살강, 앉은뱅이책상 등이 바로 아버지의 창작물이다.

그런 솜씨에도 아버지는 내가 필요로 하는 물건은 만들어주지 않았다. 그 손재주로 조금만 힘들이면 팽이, 연, 썰매 등을 만들어줄 수 있었으련만 그리 하지 않았다. 그래서 나는 동네 형들의 뒤를 따라다니며 배울 수밖에 없었다.

그렇게 만든 팽이나 연, 썰매는 단단하지도 매끈하지도 않았고, 무척이나 어설펐다. 팽이는 조금 돌다가 한쪽으로 픽 쓰러졌고, 연을 날리면 한쪽으로 기울거나 다른 연과의 싸움에서 판판히 졌다. 썰매 역시 마찬가지였다. 얼음과 닿는 부분의 철사가 계속 벗어나 한 번 타고 나면 다시 바로잡아야 쓸 수 있었다.

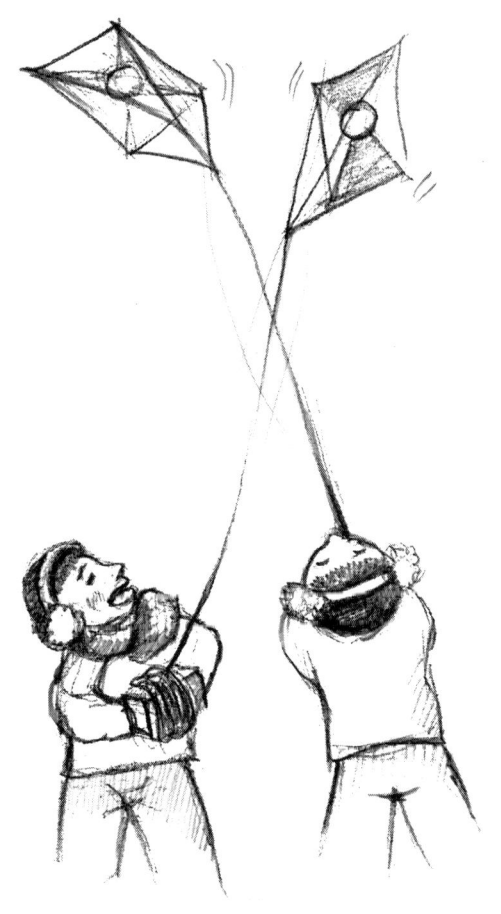

그해 겨울, 아이들과 함께 연을 날리고 있었다. 방구연11)을 만들 능력은 없었으나 가오리연 정도는 만들 수 있어, 내가 띄운 가오리연은 하늘로 하늘로 솟아올랐다. 그때 저만치서 방구연이 다가오는 게 아닌가. 다가오는 목적은 뻔했다. 방구연은 손가락의 튕김에 의하여 높은 데서 낮은 데로, 오른쪽에서 왼쪽으로 방향과 위치 전환이 자유롭다. 그에 비하여 가오리연은 어렵다. 그걸 이용하여 내 연을 끊어먹으려는 것이다.

달아나려고 애썼지만 내 연은 그예 걸려들었고 이내 잘려 날아가고 말았다. 나는 그냥 땅에 퍼질러 앉아서는 울었다. 연과 실을 잃어버린 게 억울해서였지만 그보다 연과 연이 부딪칠 때마다 당함에 대한 서러움 때문이랄까. 그날 나는 몰랐는데 우연히 아버지가 거기를 지나가다가 봤던 모양이다.

아버지는 다음날 대나무를 꺾어오더니만 연을 만들었다. 내가 그리도 갖고 싶어 하던 방구연이었다. 크기가 엄청났다. 그만큼 큰 연을 가진 애는 동네에 아무도 없었다. 그리고 자새도 평면도 사각도 아닌 팔각자새를 만들어주었다. 그걸로 끝나지 않았다. 오후에 나를 뒷산으로 데리고 가는 게 아닌가.

아버지는 딴 설명 없이 묵묵히 가져온 도구들을 꺼냈다. 다 쓴 포마드 병과 망치, 쑤어온 풀, 실이었다. 먼저 포마드 병을 보드라운 가루가 될 때까지 망치로 부수었다. 그런 뒤 풀주머니를 만들어 나더러 한 손으로는 풀주머니를, 다른 한 손으로는 포마드 병 가루를 들도록 하곤 당신은 실을 그 위에 놓고 당기셨다. 그러니까 먼저 풀이 묻은 실이 빠져나오면

---

11) '방패연'의 경상도 사투리.

서 가루를 든 손을 지나면 실에 유릿가루가 묻게 된다. 아버지는 그 실을 가지고 가까이 있는 소나무와 멀리 있는 소나무까지 갔다 왔다를 반복했다.

두 시간쯤 지나자 실은 말랐는데 아버지는 시험 삼아 그걸로 댓잎에다 슬쩍 문질렀다. 그러자 금방 댓잎이 잘리는 게 아닌가. 바로 사를 먹인 실이 된 것이다. '사를 먹인 실'과 그렇지 않은 실이 부딪친 결과를 따로 설명할 필요가 없으리라.

내 연은 그날부터 동네의 왕연이 되었다. 크기 면에서도 그렇지만 내 연실과 부딪치면 어느 누구의 연도 온전할 수 없었다. 내가 연을 들고 나가면 자기 연을 거둬들이는 아이들이 늘어갔다. 간혹 용기 있게 붙자고 덤비는 애들이 있었지만 두 번만 튕겼다 풀었다 하면 그의 연은 뒷산 너머로 사라져갔다. 어느 새 내 연은, 아니 나는 아이들의 주목 대상이 되었다.

아버지는 연을 끝으로 다른 놀이도구는 만들어주지 않았다. 다만 내가 만들 때면 옆에 와서 부품을 갖다 주거나 한마디 정도만 거들 뿐. 예를 들면 썰매를 만들 때 다른 아이들은 나무 밑에 철사를 대었지만 내 썰매에는 ㄱ자 쇠붙이가 붙었다. 철사는 닳으면 잘 나가지 않거나 끊어질 위험이 있지만 ㄱ자 쇠붙이는 잘 닳지도 않고 닳아봐야 그게 그거라 철사보다 훨씬 안정감이 있었다.

그런데 한마디 거드는 말은 꼭 질문 형태였다. "오래 타면 무릎이 마이 아플 낀대?" 한 번 나가면 네댓 시간을 탔으니 무릎뿐 아니라 온몸이 다 아팠다. 그렇다고 하자 아버지는 한마디 더 하셨다. "그럼 궁디를 받칠 수 있도록 맹글면 더 안 낫것나?" 그날 나는 좌석 있는 썰매를 만들었다. 역시 그 썰매는 동네에서 가장 주목받는 썰매가 되었고.

아버지는 그 뒤로 뭘 만들어주는 대신에 질문으로 슬쩍슬쩍 흘려주었다. 뭘 가르쳐줄 때도 마찬가지였다. 하도 내가 자전거를 타고 싶어 하는 눈치를 보이자, 어느 날 타작마당으로 데리고 가더니 그냥 타보도록만 했다. 잡아주지 않은 상태에서 몰다보니 그냥 처박혔다. 그러자 "와 넘어졌노?" 했다. 그래서 볼멘소리로 "자전거가 한쪽으로 기울어졌으니까요." 하자, "그라몬 와 한쪽으로 기울어지노?" 했다. 나는 또 "몸이 한쪽으로 쏠렸으니까요." 하자, "그라몬 쏠릴라 칼 때 안 넘어지게 하몬 안 되나? 넘어갈라카몬 반대방향으로 하는 기 좋은가 넘어갈라카는 방향이 좋은가 한 번 해바라." 그걸 끝으로 아버지는 들어갔다.

처음에는 이해가 되지 않았다. 넘어가려는 반대 방향으로 버텨야 넘어지지 않지, 넘어가려는 방향이라면 당연히 넘어질 텐데 왜 저런 말을 했는가 하고. 그래서 혼자 남아 넘어지려는 방향과 반대 방향으로 억지로 버텨보았건만 다시 넘어지고 또 넘어지고. 아마 그날 무릎팍이 꽤나 벗겨졌을 게다. 그래도 계속 그 방법으로만 하였는데 넘어지는 꼴불견을 면할 수 없었다. 그때 넘어지려는 방향으로도 한 번 해보라고 한 아버지의 말이 떠올랐다. 무수히 넘어지고 다친 뒤에 자전거 타는 법을 배운 것이다. 솔직히 아버지가 원망스러웠다. 그냥 한 번 시범삼아 보여주었더라면 다치지도 않았을 텐데…….

아버지는 머리로 배우지 말고 몸으로 익히는 것의 중요성을 가르쳐주었다. 머리로 익힌 기술은 시간이 가면 잊히지만 몸으로 익힌 기술은 쉬 잊히지 않는다. 삼십 년 전에 사라진 아버지의 자진거는 아직도 내게 가르침을 주고 있다.

아버지에게 자전거는 무엇이었을까?

아버지를 떠올릴 때면 언제나 꼭 자전거가 함께 떠오른다. 어떤 때는 숯을 짐칸에 잔뜩 싣고 힘차게 발판을 저으며 신작로를 내달리던 모습으로, 어떤 때는 만화책을 자전거에 실어 계단 길을 타고 갈 수 없어 끌고 가는 모습으로, 또 어떤 때는 무거운 짐을 싣고 오다가 잠시 쉬는 틈에 자전거에 기대앉아 담배를 피우는 모습으로.

남자의 머릿결을 촉촉이 빗은 듯이 만들어주는 포마드로 늘 문질러 햇빛을 받으면 반짝반짝 빛나던 자전거 살대, 가죽이 다 해진 그 자리에 헝겊을 덧대 더욱 폭신하게 느껴지던 안장, 잔뜩 녹이 슬어 비가 오면 녹물이 뚝뚝 흘러내릴 지경이라 짬짬이 줄로 갈아 매끈하게 만든 중심축, 겉은 새것처럼 보이나 워낙 많이 때워 너덜너덜한 타이어. 그 하나하나의 모습은 아직도 기억의 창고에 고이 저장돼 있다.

자전거는 아버지의 권위 바로 그 자체였다. 비록 낡고 너덜너덜한 자전거였지만 누구도 거기에 손대는 길 허락하지 않았다. 언제나 집의 맨 앞에 당당히 서 있었다. 자전거가 있음으로 하여 아버지의 '있음'을 알렸고, 자전거가 없음으로 하여 아버지의 '없음'을 알렸다.

아버지의 자전거는 내가 나이를 먹어가면서 점점 변해갔다. 완전 고

물에 가까운 상태에서 점점 나은 상태로. 아마도 자전거가 대중화되면서였지 싶다. 겉의 변화는 고급스러웠지만 속의 변화는 달랐다. 전에는 아무리 짐을 높이 쌓아놓아도 등을 다 가릴 수 없었는데 어느 새 안장 위에 앉은 아버지의 등은 보이지 않게 된 것이다.

  혼자 벌어 가족의 생계를 이끌다가, 시집보낸 딸에게 얹혀살다가, 아들이 벌어다주는 용돈으로 생활하게 되면서 아버지 등의 크기는 점점 좁아졌다. 동네의 껄렁껄렁한 형들이 우리 집 앞을 지나갈 때는 어깨를 움츠렸고, 속옷이 보일 정도의 미니스커트를 입은 누나들이 우리 집 쪽을 힐끔힐끔 살핀 뒤에야 조심조심 발걸음을 옮기게 만들었던 그 거대하던 등은 더 좁아져 짐칸에 가려 보이지 않게 되고 말았다.

'똥 퍼' 일을 하면서도 출퇴근할 때는 반드시 양복을 입고 자전거를 몰고 다녔던 아버지, 소풍 온 아들 친구들에게 물방개 장사하는 모습을 보이지 않으려 양철구조물을 챙겨 부리나케 발판을 밟았을 아버지, 이웃에게 나눠줄 마음으로 부스러기 숯을 자전거에 싣고 내려올 때 흐뭇해했을 아버지, 시장에서 아들이 자전거 몰다 항아리를 와장창 깨버렸을 때 물어줘야 할 항아리 값보다 오히려 아들이 다치지 않았을까를 먼저 걱정했던 아버지, 언덕 계단 길을 만화책과 무협지를 자전거에 실은 채 땀을 뻘뻘 흘리며 끌고 올라올 때 그 무게보다 아들이 읽고 배워 익힐 지식에 대한 기대로 무거움을 잊었을 아버지, 한 번도 가족들에게 '사랑한다'는 말을 한 적은 없지만 그 사랑을 자전거로 표현해주었던 아버지.

무슨 일을 하든 돌아오는 길, 아버지의 자전거 손잡이에 달려 있던 혹은 짐칸에 묶여 있던 연탄 두 장, 한 되들이 쌀 봉투, 배추 세 포기, 고등어 한 손……. 일일이 기억하진 못해도 그것들을 결코 잊을 수 없다.

아쉬움도 있다. 이웃집 철이네 아버지는 가끔 시간을 내어 철이를 자전거 뒷자리에 태워 동네를 한 바퀴 돌곤 했다. 허나 아버지의 자전거는 그러지 못했다. 뒤에 탈 자리 부분이 없는 자전거이거나 늘 짐칸에는 고정된 구조물이 붙어 있거나 했다. 해서 나는 철이와 그 아버지가 함께 만들어 내는 사랑의 화음을 맛보지 못했다.

두 사람은 부러 그러는 양 우리 꼬마들이 놀 때면 꼭 그 앞을 지나쳤다. 먼지를 휘날리면서 왔다가 멀어져가는 모습도 부러웠지만, 비포장도로 흙길을 달릴 때는 정말 부러웠다. 특히 움푹 파인 부분을 지나칠 때면 밀리서 봐도 푹 꺼졌다가 솟구친다. 마치 파도치는 날 멀리서 보면 배가 물속에 빠졌다가 다시 솟아나는 것처럼. 그러면 철이 녀석은, "으아악!" 하는 비명을 지르지만 그게 기쁨의 환호성임을 잘 안다.

세월이 흐르면서 아버지의 자전거는 몇 번이나 바뀌었다. 그럴 때마다 자전거는 언제나 아버지에게 실용적인 도구였다. 즉, 언제나 탈것으로. 그런데 내가 취직하며 사준 자전거는 고이 모셔둔 장식용 자전거였다. 기억 속에 한 번도 탄 모습을 본 적이 없다. 물론 그때의 아버지는 이미 일흔에 접어들었으니 나이 때문일 수도 있다. 그러나 자전거는 알다시피 나이 들어도 탈 수 있는 게 아닌가.

궁금한 김에 엄마에게 물어보았을 때도 역시 본 적이 없다고 했다. 그래도 날마다 손질은 했다고 한다. 내가 첫 근무지인 경남 양산에 다닐 때도, 두 번째 근무지인 부산에 다닐 때도 자전거를 매일 손질만 했다고 한다. 역시 타지 않은 채.

세 번째로 근무지를 옮긴 울산은 출퇴근이 불가능한 지역이라 거기 기숙사에 머물게 되었다. 그러니까 토요일 오후에 집에 내려와서 일요일 오후에 다시 올라가는 일정이었다. 토요일에 집에 내려오면 가장 먼저 눈에 띄는 건 자전거였다. 한 번 쓰다듬고 아버지가 머무는 방 앞에서 기침을 한 뒤, "아버지, 다녀왔습니다." 했다. 그러면 "어 그래, 잘 댕겨왔나." 하고. 다시 일요일 오후가 돼 떠날 때가 되면 방문 앞에 가 "아버지, 다녀오겠습니다." 하면 "잘 댕겨오이라." 하는 말로서 부자간의 대화는 끝났다.

우리 부자는 둘 다 과묵해선지 대화가 몹시 짧았다. 꼭 필요한 대화라도 아주 간단히 주고받을 뿐. 권위적인 사람이 권위를 잃게 되면 가장 먼저 말수가 적어진다는 말처럼 아버지는 나뿐 아니라 다른 가족들과도 대화가 별로 없었다.

그러던 1980년 5월 스무아흐렛날이었다. 그날 밤 기숙사에서 꿈을 꾸었는데, 대부분 그렇듯이 꿈을 깨면 그 내용을 다 기억하지 못하는 것처럼 다음날 아침에 잠에서 깨었을 때도 마찬가지였다. 다만 한 가지 기억에 남는 건 부산의 우리 집 앞에 놓인 아버지의 자전거였다. 꿈의 줄거리는 정확히 기억나지 않으나 그 자전거가 넘어진 것만은 뚜렷했다. 그래도 별 생각 없이 지냈는데 오후쯤 집에서 아버지가 위독하다는 전화가 걸려왔다. 그리고 다시 얼마 뒤 돌아가셨다는 소식이 전해지고……

사흘 동안 장례를 치르는 내내 이상하게도 눈물이 나오지 않았다. 아버지가 돌아가신 날 맏상제의 눈에서 눈물이 나오지 않다니? 한때는 무척 싫어한 적도 있었으나 그 즈음에는 대화만 적었을 뿐 나쁜 관계가 아니었음에도 눈물이 나오지 않는 거였다. 곁에서 누나와 동생은 물론 사촌들도 모두 와서 펑펑 울어대는데 정작 맏상제의 눈에서는 눈물이 나오지 않았다. 아무리 쥐어짜려 해도 나오지 않았다. 연기자들은 웃고 있다가도 감정몰입을 하면 금방 눈물을 흘린다지만 연기력이 부족해선지 눈물이 나오지 않았다. 반드시 울어야 하는 장소에서 울지 못하는 괴로움은 겪어보지 않은 이는 모르리라.

장례 뒤에 다시 근무지인 울산으로 올라갔고, 토요일 오후에 내려왔다. 그리고 전에 한 것처럼 무심코 아버지가 머무는 방 앞에서 기침을 한 뒤 "아버지, 다녀왔습니다." 했다. 그러면 "어 그래, 잘 댕겨왔나." 하는 말을 기대하고. 그런데, 그런데 아무 소리도 들리지 않는 게 아닌가. 문을 열었다. 아버지가 없었다. 구석구석 살펴보았다. 그러나 아버지는 없었다. 그 순간 나는 돌아가신 뒤 처음으로 울었다. 그것도 소리 내어 펑펑 울었다. 한참 울다가 부엌 쪽으로 난 문으로 눈을 돌렸다.

아…… 없었다, 자전거가. 늘 놓여 있던 그 자리에 자전거가 없었다. 아버지의 자전거가 없었다. 아버지가 없었다.

울 엄마의 세 가지 거짓말

나 어릴 때 울 엄마는 육류든 어류든 고기를 먹지 못했다. 생선은 비린내 난다고, 소나 돼지는 기름기가 속에서 받지 않아 탈이 난다고 했다. 그래서 일 년에 한두 번씩 밥상에 올라오는 고기는 아버지, 나, 동생 이렇게 셋의 차지였다.

대학을 졸업함과 동시에 발령받은 직장에서 탄 첫 월급을 송두리째 갖다드렸을 때, 다음날 저녁 밥상에는 돼지 삼겹살이 올랐다.

돼지 삼겹살!

내 기억 속에 그 전까지 집에서 고기를 구워 먹은 적이 단 한 번도 없었는데, 그날 울 엄마는 지금처럼 편리한 가스레인지와 불판이 없는데도 연탄불에 철사로 얼기설기 엮은 석쇠를 놓고 아주 능숙하게 고기를 구워 파절이기와 상추, 소금 친 참기름종지를 함께 내놓았다.

그러자 아버지와 동생은 구워진 고기를 스스로의 힘으로 상추에 싸서 먹었고, 나도 그러려고 하는데 당신이 직접 고기와 파절이기를 상추에 싸서는 한 입 가득 넣어주었다. 그런 뒤 다시 한 쌈을 조그맣게 싸시기에 이번에는 동생에게 주려나 하고 여기면서 동생 쪽을 보니 역시나 기대에 찬 눈길이었다. 그런데 웬걸, 고기는 순식간에 엄마의 입 속으로 사라졌다. 그 순간 나와 동생은 합창이나 하듯 소리쳤다.

"아 엄마, 고기 못 먹잖아. 먹으면 탈난다면서."

"내 아들이 한 달 동안 욕봐 벌어온 돈으로 산 음식인데 멀 묵어도 우찌 탈나겠노?"

말은 그리 하면서도 그날 엄마가 아주 능숙하게(?) 고기쌈을 몇 입 더 먹는 모습이 지워지지 않았다.

다음날 학교에 갔다 오면서 어물전에 들러 물고기 중 비린내가 유달리 심한 갈치 두 마리를 샀다. 그러고는 저녁에 구워달라고 했다. 밥상에는 갈치가 올랐고, 나는 갈치의 가운뎃부분에 젓가락을 넣어 오동통한 살 부분만 발라내 엄마의 입으로 향했다. 그러자 당신은 내 예측대로 입을 냉큼 벌렸다. 그때 나보다 네 살 어린 동생은 또 한 번 철이 덜 든 소리를 했다.

"엄마, 비린내 나는 건 못 먹는다고 했잖아……."

그러나 울 엄마는 못 들은 체 맛을 음미하듯 한참이나 우물거렸다.

나는 먹는 길 가리지 않아 아부거나 잘 먹는 편이다. 그러나 단 한 가지 김치국밥만은 절대로 먹지 않는다.

결혼 후 삼 년이 되던 해였다. 제법 된바람이 불어오던 어느 일요일, 아내가 송송 썬 파와 달걀을 듬뿍 풀고 돼지고기 몇 모타리가 동동 떠 있는 징제 모를 음식을 내놓았다. 국물도 뻘겋게 물들어 맵싸한 음식을 좋아하던 내 입에선 저절로 군침이 돌아, 먹으려고 숟가락을 한 번 휘저었다. 그런데 순간, 김치가 떠오르는 게 아닌가. 그냥 밥숟가락을 내동댕이쳤다.

어느 때부터인지 정확히 기억나지 않으나 겨울방학 40여 일 동안 울엄마는 단 하루도 빠짐없이 김치국밥을 끓였다. 점심은 물론이고 저녁도 김치국밥이었다. 심지어 저녁때 먹다가 많이 남으면 그걸 처리하기 위하여 아침에도 김치국밥일 때가 종종 있었다.

날마다 나와 엄마의 말싸움이 이어졌다.

"엄마, 제발 국밥 좀 끓이지 마라. 이젠 신물이 난다. 우리도 밥 좀 묵자."

"야 이넘아, 이적부터 우리 조선 사람한테는 김치국뱁이 몸에 최고라 캤어."

그러면 나는 어느 시대 어느 사람이 그런 말을 했느냐고 따졌다.

"공재 맹재 다 높은 양반들이 그래쌌어, 니 책에선 고런 이바구가 안 나오대?"

내가 당신보다 유식한 걸 무기삼아 공자나 맹자가 그런 말을 어느 책에서도 한 적이 없다고 아무리 말해도 울 엄마는 막무가내였다. 김치국밥이야말로 이 세상에서 우리나라 사람에게 가장 좋은 음식이라는 주장을 절대로 굽히지 않았다. 그러던 게 우리 집 형편이 조금 나아지면서 국밥이 밥상에 올라오는 횟수가 줄어들더니 내가 직장을 갖고부터는 아예 사라졌는데, 그 뒤로도 몇 년이 지날 때까지 나는 그 속사정을 정확히 알지 못했다.

당시 우리 집은 산동네로 들어서는 길목에 자리 잡고 있어서 사람들의 왕래가 많았다. 그때 내가 가장 못마땅하게 여긴 건 꼭 한 아주머니—아이가 다섯이나 딸린 과수댁—만은 식사 때가 되면 우리 집을 찾아오는 거였다. 특별한 볼일이 있는 것도 아닌데 찾아와서는 밥을 풀 때까지 실속 없는 얘길 주고받다가 울 엄마가 밥상을 들여가면서,

"밥 안 묵었재? 같이 묵자." 하고 말을 건네면 그제사,

"묵고 왔어요." 하고 대답한다.

다시 울 엄마는,

"그라도 같이 묵자."

이번에는 아주머니의 음성이 약간 바뀌며,

"묵고 왔는데……." 하면서 상 앞으로 슬쩍 다가앉는다. 그러면 울 엄마는 당신의 밥그릇—거의 누룽지에 그것도 반이나 채웠을까—에서 반을 덜어내 준다. 그럴 때면 나와 동생은 오만상을 다 찡그린다. 우리 그릇에 있는 밥 몇 숟가락이 저쪽으로 넘겨져야 할 역할이 남아서다.

이제 생각해보면 김치국밥이 주식이 된 때는 다음해 가을쯤 우리 집에 그 아주머니 말고 또 한 사람의 손—자식 없이 혼자 살던 이웃 할머니—이 더 늘어나면서부터였다고 생각된다.

사실 김치국밥은 김치만 적절히 조절하면 밥 한 그릇으로 두 그릇을 충분히 만들어낼 수 있고, 거기다 물까지 더해지면 한 그릇 더 만들어내는 것은 일도 아니다.

세 번째 거짓말은 둘째누나 때문이다.

누나는 아버지 표현대로 하자면 "싹수는 당체 뵈지 않고 예편네 욕만 잔뜩 믹일" 남자를 사랑한 게 탈이었다. 아버지가 한 번만 더 만나면 "다리몽댕이 뽈라뻔다."고 엄포를 놨으나 누나는 다리몽댕이 부러지는 게 겁났던지 그 남자를 따라 집을 나가버렸다.

누나의 옷 보따리가 없어진 걸 가장 먼저 발견한 울 엄마는,

"지 년이 부모 말 안 듣고 나가 잘 사는가 보자. 오냐 이년아, 내 눈에 흙이 들어가기 전에는 즈을대로 니 년 꼬라지 안 볼 끼다!"

없는 누나를 향해 아버지보다 더 고래고래 소리를 지르는 바람에 아버지의 소리가 저절로 잦아들었다.

그날 밤 수변이 마려워 통시로 가려는데 어니시 울쩍이는 소리가 나 정지[12]로 몰래 가보았더니 울 엄마였다.

---

12) 부엌.

"누나 때문이지?"

"미쳤나, 나가 와 지 년 때문에 울 끼고. 내사 안 운다. 즈을대로 안 운다."

그날 얼마나 울었는지 솔직히 난 모른다. 오줌 누고 와서 이내 잠들었기 때문이다. 다만 다음날 아침, 부엉이눈보다 더 퉁퉁 부은 울 엄마의 눈을 보았을 따름이다.

8년 전, 중풍과 치매를 동시에 안은 울 엄마는 변했다. 그러면서 가까운 친지나 동네 사람들로부터 '보살할매'라 칭송받던 울 엄마는 자식들조차 멀리하는 사람이 되고 말았다. 아마 나는 현실 속의 모습이 보기 싫어 자꾸만 옛날을 되새기는가 보다.

어떤 때는 하루에 밥을 열 번도 더 달라 했다가, 어떤 때는 앞집의 누구 엄마, 뒷집의 누구 엄마가 차려주었다며 먹지 않으려 한다. 아내 아니면 차려 줄 사람이 아무도 없다는 걸 알기에 뭐든 들게 하려고 하루는,

"김치국밥 만들어줄까?" 하고 슬쩍 운을 떼었다.

"이넘아, 김치국밥은 엉걸징사13)가 난다."

혼자 있을 때가 많다보니 울 엄마는 수많은 인물을 만들어 낸다. 그중의 한 인물이 준필이다. 준필은 울 엄마가 상상 속에서 만들어 낸 둘째 누나의 아들이다.

"준필(실제로는 둘째누나를 가리킴)이는 와 안 오노?"

"저번 주에 왔다 갔잖아."

"은제 왔다 갔노. 지 에미가 보기 싫어서 안 오는 년. 코빼기도 안 보이는 나쁜 년."

---

13) 어지간히 진절머리.

누나는 시간을 내기 어려운 가운데서도 매주 꼬박꼬박 다녀갔다. 가장 얼굴을 많이 비치는데도 늘 못 봤다고 했다.

저녁에 급한 만남이 있어 나 먼저 먹으라고 아내가 상을 차려 내놓는데 갑자기,

"니만 고기 묵고 난 안 주나. 에미 박대하면 천벌 받을 끼다."

무슨 소린가 싶어 아내를 쳐다봤더니, 아내도 고개를 저었다.

"언제 나만 고기 먹었어?"

"아까 니 상에 있대. 엉가이14) 씹어쌌더니."

순간 나는 쓴웃음을 짓고 말았다. 황토빛 도는 미역귀다리를 초장에 찍어먹는 걸 멀리서 보는 바람에 갈비를 뜯는 걸로 착각한 것이리라.

나는 요즘 건강진단의 전도사가 되었다.

"나이 많으신 부모님을 모시고 있거나 나중에 모시게 될 처지에 있는 사람이 가장 우선해야 할 일은 정기적으로 병원에 모셔가 건강진단을 받는 일이라고 생각합니다." 하고 사람을 만나거나 얘기할 자리가 주어지면 서슴없이 전도한다. 그리고 또 몇 마디 덧붙인다.

"지금 건강하다고 앞으로도 건강한 것은 절대로 아닙니다. 탈나기 전의 우리 어머니는 일흔다섯의 나이가 무색하게 혼자서 무엇이든 다 하셨습니다. 부산에서 방어진의 우리 집까지 하루에 두 번씩이나 왔다 갔다 한 적이 있을 정도였습니다. 신경 쓰십시오. 저처럼 후회하지 않도록 말입니다. 추억을 잃고, 사랑을 잃고, 어머니를 잃기 전에 말입니다."

(월간 〈문학21〉 2002년 2월호)

---

14) 어지간히.

한겨울 나의 귓불을 시리게 한 바람

오늘도 울 엄마가 똥을 쌌다.

한 군데, 두 군데, 세 군데……. 닦아가다가 나는 열에 받쳐 소리쳤다.

"할마시, 정말 이럴 거야!"

그러나 멀뚱히 바라보는 걸 보며 입을 다물 수밖에 없었다. 사실 바른 대로 말하면 울 엄마가 똥을 싸긴 했어도 문제가 있는 건 아니었다. 아침에도 싸 속옷을 버린 바람에 내복은 벗기고 팬티만 입혀놓았는데, 그 사이에 또 똥이 마려워 싸려고 팬티를 내리다가 제대로 내리지 못하고—워낙 급해선지, 아님 내릴 힘이 없어선지—누다 보니 그만 팬티에 싸버린 것이었다.

문제는 다음이었다. 그걸 처리하지 못하고 화장실에서 나와 이곳지곳 옮겨 다니며 방아를 찧다보니 한 군데, 두 군데, 세 군데…… 열 군데도 넘게 찍고 다녔던 것이다.

중풍이 들면 몸의 한쪽 기능이 마비돼 제대로 행동을 하지 못한다. 보통 여자들은 왼쪽이, 남자들은 오른쪽이 마비된다는 말대로 울 엄마는 왼쪽이 마비되었다. 왼쪽팔과 왼쪽다리를 쓰지 못하게 되었다. 이러니 마비로 인한 후유증이 따를 수밖에.

일단 걷기가 힘들다. 한쪽이 마비되다보니 성한 쪽을 내밀며 발을 옮겨야 한다. 그 모습은 마치 자벌레가 움직이는 것과 같다. 오른쪽다리를 움직여 한 걸음 내밀면 왼쪽은 그 뒤에 미끄러지듯 따라온다. 그런 과정을 되풀이하면서 목적지—주로 화장실—로 향한다. 이렇게 화장실 가는 데 걸리는 시간이 오래 되다보니 자칫 늦게 출발하면 옷에 싸버린다. 변이 마려울 때마다 우리를 불러달라고 했으나 무슨 이유에선지 꼭 혼자 해결하려 했다.

해결이 잘 안 되거나 늦음으로써 옷에 싸놓는 순간 냄새가 온 집안에 퍼진다. 중풍환자들은 변을 볼 때 한쪽의 마비로 인해 필연적으로 변비, 그것도 악성변비가 되어 콩알만큼의 덩어리라도 나오게 되면 지독한 냄새가 거실은 물론 밖에까지 풍겨 나온다.

그러나 치매는 그보다 더하다. 치매의 증상은 보통 기억 장애, 언어 장애, 방향 감각 상실, 계산력 저하, 성격 및 감정의 극심한 변화, 일상생활 수행 기능 장애 등으로 나뉘는데 울 엄마는 앞에 거론한 모든 증상을 조금씩이나마 나 보였다. 기억 장애의 대표적인 예는 밥을 먹었으면서도 안 먹었다고 하거나 밥을 먹지 않았는데도 먹었다고 하는 게 대표적이다.

이런 장애는 그나마 나은 편이다. 도저히 이해할 수 없는 행동을 할 때노 있다. 경상도 사람들이 욕할 때 흔히 "벼라빡에 똥칠 할 때까정 잘 묵고 잘 살아라."라고 하는데 이 말은 정말 절대 해서는 안 된다. 벽에 자기가 눈 똥을 칠하는 경우는 치매 환자 중에서도 드문 경우이긴 하지만 상상만으로도 끔찍하다.

다행히 울 엄마는 이런 경지(?)에까지 이르지 않은 대신 엄청난 상상력의 소유자가 되었다. 자식이나 손자를 상상하며 마구 그려낸다. 예를 들어 중학생밖에 안 된 손녀를 혼자 상상으로 매일매일 나이를 먹게 하여 결혼하게 만들고, 아이를 낳게 하는 걸로 꾸며내다가 급기야 그 아이의 이름까지 지어낸다. 때문에 남동생의 딸인 중학교 다니는 조카애는 우리 집에 오는 걸 포기했다. 오기만 하면 "니 운제 몸 풀었노? 배가 쏙 꺼졌네.", "김 서방은 와 안 오노?", "몽실이는 인자 젖 뗐제?" 이러매 어린 조카가 기절초풍함은 당연한 일.

아내가 며칠 전에 "정말 미치겠어요!" 하며 내게 새로운 사실을 알려주듯 하는 말에, 나는 이미 보름 전에 맛본 상황인데도 처음 깨달은 양 들어주며 맞장구를 쳐줬다. "정말 미치겠네!" 하고. 아무리 부부라 해도 감추고 싶은 게 있다. 아내는 시시콜콜 엄마에 관한 얘기는 다 해주지만 나는 하지 못한다.

보름 전에 처음 맞닥뜨렸을 때의 그 당혹감이란! 이전에도 가끔씩 팬티를 버려놓는 경우가 있긴 했다. 그러나 그때는 팬티만 버려놓는 정도였는데 이번에는 그 차원을 벗어나버렸다. 다니는 곳곳마다 소파 위에, 전기장판 위에, 두터운 요 위에, 심지어는 식탁 의자 위에까지 찍혀 있는 공룡 발자국 같은 그 흔적……. 다행히 아내가 밖에 나갔을 때 일 저지르면 나만 울 엄마에게 욕 섞인 소리를 내지르며 치우면 되지만 안에 있을 때 일을 저지르면 꽤나 난처해진다.

어떤 일에 대한 괴로움을 십 년 가까이 당하면 이골이 생길 만한데 우리 부부는 그렇지 못하다. 아내는 다섯 남매나 되면서도 누구 하나 도와줄 사람 하나 없는 시집사람들―불행하게도 다들 손수 벌어야 먹고사는 관계로 집에서 살림만 하는 사람은 아내뿐이다―에 대한 원망에다 세월이 가도 해결될 것 같지 않은 데서 오는 막막함 때문이고, 나는 엄마의 예전의 깔끔한 모습을 지울 수 없어서다.

나는 교사 말고도 사회에서 장애인복지재단 운영이사를 맡고 있다. 울산시 북구에 'ㅇㅇ장애인복지센터'라는 이름으로 건물을 지어 정신지체 장애아들을 위해 일하는 단체인데, 만날 때마다 부끄럽게도 그 아이들을 똑바로 바라보지 못한다. 걔들에겐 사랑이 필요하며, 사랑을 베풀려고 그 일을 하는데도 말이다. 왜냐면 그 속에서 울 엄마를 보기 때문이다. 아직도 내게 따뜻함이 부족해서일까.

아내가 보름 전에 허리디스크 수술을 받았다. 아무래도 울 엄마를 들어 옮겨야 할 때가 많아 들 때마다 무리가 가서인 듯싶어 괜히 미안했다. 부부라지만 울 엄마가 아내에게 짐이라는 생각을 버릴 수 없다. 내게 시집오지 않았다면 이런 일을 안 해도 될 텐데 하는 생각이 들 때마다 아내에 대한 미안한 감정보다 울 엄마에 대한 원망이 먼저 든다.

다행히 수술 경과는 좋다고 하나 앞으로 3개월 동안 어떤 일도, 특히 무거운 걸 절대로 들어선 안 된다는 의사의 얘기에 엄마를 막내누나네로 보냈다. 그날 나는 울었다. 누나는 장사하느라 낮 12시에 나가 밤 12시에 들어온다. 그동안 엄마는 혼자가 된다.

사실 우리 집에 있을 때도 혼자일 때가 많았다. 그런데 왜 나는 울 엄마가 누나 집에 홀로 버려져 있다고 의식될까. 왜 오늘, 더럽게 추적추적 비가 내리는 이 밤에 울 엄마가 보고 싶은 것일까. 방을 똥으로 엉망진창으로 만든 어느 날, 이제라도 죽으면 춤을 추겠다고 악담까지 내뱉었는데 왜 울 엄마가 보고 싶은 것일까.

내 목젖 올려다오

　옛날, 울 엄마는 어린 내가 목젖이 부어 고생할 때면 어느 집에선가 빌려 온 생선가시를 정수리에 올려놓고 막 황령산 한 귀퉁이 사이로 얼굴을 내민 해를 향해 손으로 양쪽 귀를 슬며시 잡아당겨 끌어올리게 한 뒤, "내 목젖 올려 다오, 내 목젖 올려 다오. 내 목젖 올려 다오." 하며 세 번 외치게 했다.
　조금 나이 들자 이번에는 이상한 가루약을 들고 와선 '아' 하고 입을 크게 벌리라고 한 뒤 빨대로 힘껏 불어 목젖까지 밀어 넣어주었다. 목구멍으로 넘어간 그 괴상한 약이 주는 야릇한 느낌에 다음에는 먹지 않으려 했으나 워낙 편도선이 잘 붓고 한 번 부으면 최소 닷새는 가기에 어쩔 수 없이 먹었다. 그런데 나중에 그게 구렁이알을 볶아 만든 가루라는 걸 알았을 때의 끔찍함이란! 그런 뒤 절대로 먹지 않으려 입을 다물었지만 얼마나 어렵게 구한 건데 하며 강제로 들이미는 걸 막을 수 없었다.
　결혼한 뒤에도 일 년에 두어 번은 목젖이 어김없이 부었다. 그때마다 중국에서 들여온 신통방통한 약이라며 진짜 좁쌀보다 더 작은 검은약을, 어떤 땐 목젖의 부기를 가라앉히는 데 특효라며 새콤달콤한 사탕 같은 걸, 또 한 번은 보기만 해도 구역질이 날 것 같은 굼벵이 고아 달인 물을, 이젠 이름도 가물가물한 희귀한(?) 약들을 들고 와서 강제로 먹였다.

목젖이 붓는다는 것은 의학적으로 편도선이 붓는다는 말이다. 이 병은 평소에는 잘 드러나지 않으나 무리하게 몸을 혹사했을 때 나오는 증상으로, 경험자들은 다 잘 알고 있을 게다. 그래서 일반적인 치료방법도 안정, 충분한 수분섭취, 부드러운 음식을 먹고, 진통제를 투여하여 인후의 불쾌감과 통증을 덜어주는 것이라 한다.

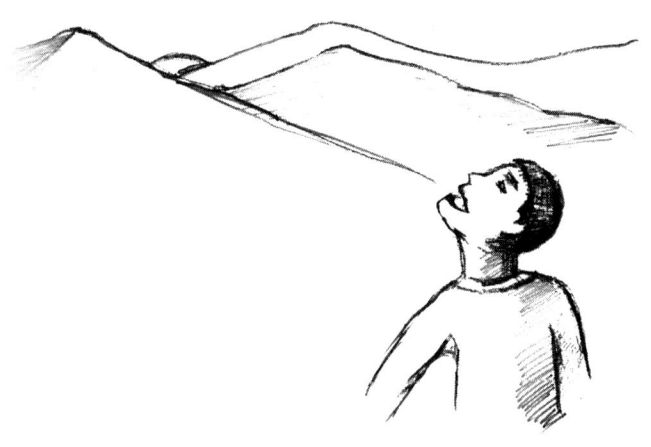

나는 어릴 때부터 온갖 종류의 병을 앓있던 터라 웬만금 아싸도 병원에 가지 않고 버틴다. 그러나 목젖이 붓게 되면 열이 나면서 팔다리가 풀리며 두통까지 오는 바람에 어쩔 수 없이 병원에 간다. 거기 가면 의사들은 무조건 쉬라고 한다. 게다가 가능한 목을 쓰지 말라 하고. 목젖은 피로로 인한 것이기에 목을 사용하면 할수록 낫기 어렵기에 하는 말이겠지만, 직업이 교사이고 더군다나 국어교사인지라 말을 하지 않을 수 없음을 어찌 하랴.

그래서 편도선 수술을 하라고 권하는데, 어떤 이는 하지 않는 게 좋다 하고 어떤 이는 하는 게 낫다 하니 아직 갈피를 못 잡고 있다. 진작 수술 해버릴 걸 못하고 있는 건 불행히도 잘 아는 이가 수술의 후유증으로 성대가 이상하게 돼, 목소리가 거칠거칠하게 변한 걸 보았기 때문이다.

목젖이 부으면 담배와 술을 금해야 함은 물론이다. 담배야 원래부터 안 피우니까 염려하지 않아도 되지만 목젖이 부었을 때 회식은 왜 그리 자주 있으며, 몇십 년 동안 연락 없던 친구에게서 하필 그때 왜 전화가 오는지……

목젖이 부으면 보통 닷새는 간다. 첫날은 살짝 맛만 보라는 듯 조금 아프다가 다음날부터 사흘간은 아무 일도 하기 싫고 어떤 음식도 맛이 없다가 닷새째 되는 날에야 비로소 아픔이 잦아진다. 해서 목젖이 부어도 금요일쯤 부으면 쉴 틈이 있어 괜찮으나 월요일이나 화요일에 붓기 시작하면 한 주일 내내 괴로움 속에 보내야 한다.

그런 괴로움이 울 엄마의 괴이한 치료법에 의한 임상실험이 계속될 때는 일 년에 두세 번은 꼭 있었는데, 중풍과 치매를 앓으면서 희한하게도 편도선 또한 붓지 않았다. 그러다가 재작년에 한 번 붓고 한 해 쉬다가 오랜만에 다시 부었는데 여태까지의 휴전을 앙갚음이라도 하듯 일요일부터 나흘이 지난 오늘—그나마 오늘은 글 쓸 여력은 생겼지만—까지 잠시도 숨 고를 새 없이 엄청난 공세를 퍼붓고 있다.

원래 편도선은 피로하면 붓고, 부으면 몸살을 반드시 동반한다. 그래선지 주변 사람들은 날더러 "너무 많은 일을 하느라 무리해서 그렇다."고 위로의 말을 하는데 어찌 그들이 내 사정을 알 것인가. 조금 여유 있다 싶으면 회식 핑계로 새벽녘까지 술 마시고, 머리 식힌다는 핑계로 낚시 가선 잡히면 잡힌 턱으로 안 잡히면 안 잡힌 핑계로 몸을 학대했다.

또 개근상을 받으려는 양 모임이란 모임에는 모조리 출석했으니 몸도 제 주인에게 앙갚음을 하는 것이리라.

밖에서 바닥에 뭔가 끌리는 소리가 요란하여 아내를 불렀더니 오지 않는다. 약을 지으러 갔는지 반응이 없어 일어나기 싫은 몸을 일으켜 거실로 나갔다. 역시 울 엄마가 슬리퍼 끄는 소리였다. 집에서는 맨발로 있어도 되니 신을 벗으라고 해도 꼭 슬리퍼를 신었다. 슬리퍼를 신고 걸으면 자칫 잘못해 미끄러질 위험이 있기에 아무리 말려도 듣지 않는다.

치매의 증상 중에 급격한 성격변화가 있다. 전에는 누가 뭐라고 하면, 특히 내가 뭐라고 하면 다 들어주었으나 병이 난 뒤로는 고집이 여간 아니다. 그 고집이 이치에 맞으면 그냥 놔두련만 위험을 동반할 때는 늘 다툼이다. 오늘도 그랬다. 베란다에서 화장실까지 제법 긴(?) 거리를 오른발을 먼저 떼고 난 뒤 왼발을 옮겨 가는 긴 여정을 맨발로 가는 게 훨씬 수월하건만 꼭 슬리퍼를 끌고 간다.

화장실에서 볼일을 보게 한 뒤 다시 베란다로 데려다 주고 나서 넌지시 물었다.

"나 목젖 부었는데 치료약 생각나는 거 없어?"

그러나 멀뚱히 쳐다볼 뿐이다. 이제는 목젖 치료에 좋은 어떤 비방도 울 엄마에게 없다. 생선가시도 구렁이알도 굼벵이 고아 달인 물도 울 엄마에게 없다. 어떤 추억도 울 엄마에겐 없다.

울 엄마의 맛 나는 생활사투리

오랜만에 울 엄마가 꿈에 보였다. 둘째누나가 이 말을 들으면 안 좋은 일이 생길 징조라 하여 안색을 찌푸릴 게 틀림없다. 누나는 꿈에 죽은 이가 나타나면 무조건 좋지 않은 일이 생긴다는 선입견을 갖고 있으니까.

어젯밤 꿈은 일정한 줄거리를 가진 게 아니라 그냥 한 번 엄마를 보았다는 정도가 적당하리라. 부산에서 처음 교직생활 할 때 우리 집에 들른 제자들에게 라면을 끓여주는 모습이었다. 정신분석학적으로 해석하면 그동안 잊어선 안 될 사람을 잊고 있었으니 그의 존재감을 일깨워주기 위해서 울 엄마와 첫 제자들에 대한 그리움이 꿈으로 드러난 것이리라.

오랜만에 정말 오랜만에 본, 말년의 중풍과 치매로 고생하던 모습이 아닌 정상적인 울 엄마 보습에 깨고 나서도 마음이 홀가분했다. 다만 내가 현재 살고 있는 시골로 가자는 말을 하자 엄마가 "내사 촌구석은 엉걸징사가 난다."는 말이 걸릴 뿐. 오랜만에 들어보는, 비록 꿈속에서 들은 말이지만 울 엄마 특유의 말, 지금은 서부 경남 사람이라도 거의 쓰지 않는 말 '엉걸징사가 난다.'는 말이 정겹다. 이 말은 '몹시도 진절머리가 난다.' 고 할 때 쓴다.

가만 생각해보니 울 엄마만의 독특한 표현이 몇 가지 있는데, 그중에서 아직 해석을 정확히 할 수 없는 것과 이제는 주변에서 거의 쓰지 않는 게 몇 있다.

내가 하도 어처구니없는 행동을 하면 "섭천 새가 다 웃겠다."고 했다. '섭천'은 어느 시내 이름인 것 같아 엄마의 친정 마을(산청군 덕산면 문암리)과 시집 마을(하동군 옥종면 대곡리)을 다 훑었어도 찾지 못하다가 나중에 백정들이 살던 진주의 한 동네를 가리키는 지명이며 '새' 역시 '쇠(소)'로, 그러니까 곧 도살될 운명의 '섭천의 소조차 웃는다'는 뜻이라는 걸 알게 되었다.15)

한번은 아버지가 술에 취해 들어와 한 말을 하고 또 했다. 그러자 울 엄마는 나 들으라는 듯이 "니 아부지가 술이 홍곤히망곤히 댔는갑다. 참 말로 희안토 안 하네." 할 때 '홍곤히망곤히'란 말은 다른 데서 들어본 적이 없다. 그리고 다음날 깨어난 아버지가 숙취를 덜기 위해 술국을 끓여놓지 않은 걸 갖고 뭐라고 하면 "마 밥 안 굶기는 거나 오감타 하소." 하는데, '오감타'라는 말은 아마 좀 부족해도 만족하라는 뜻일 게다.

초등학교, 중학교 다닐 때 가끔씩 날 야단치던 말이 생각난다.
"야 이 문디 자슥아, 와 나가 하는 말을 안 듣노!"
그러면 내가 받아서
"내가 문디 자식이면 엄마도 문디가?"
그러면 다시 울 엄마가 받아서
"이 쌔가 만 발이 빠져 뒈질 자슥아……."
그러나 이 걸쭉한 욕도 이제는 듣고 싶으나 들을 수 없다.

---

15) 경남일보에 2002년 7월 3일부터 23일까지 연재된 글 '섭천 쇠가 웃는 까닭'이란 기사 참조.

또 잘 삐치는 날 보고,

"니가 빼때기가? 와 맨날 삐끼노?"

빼때기는 고구마를 날것 그대로 말린 건데, 소주 주정을 만드는 원료로도 쓰이지만 아이들의 겨울 간식으로 으뜸이다. 빼때기를 잘 삐치는 데 비유한 것은 아마도 발음의 유사성에서 온 것이리라.

어쩌다가 내가 덤벙대 물건을 깨뜨리거나 부수거나, 국 같은 걸 쏟았을 때는 "야가 와 이리 털파리고?" 한다. '털파리'란 말은 경상도 방언 중에서도 보편화된 게 아니라서 그런지 같은 지역에 살아도 잘 모른다. 특히 아이들은 들은 적이 없는지 덤벙대는 아이들에게 사용하면 못 알아듣는다. 털파리란 말의 어원이 어디에서 유래했는지 잘 모르나 조심성 없이 일을 할 때면 울 엄마는 사정없이 내뱉는다.

나는 물건을 잘 잊어버리기도 하지만 어디 놔둔 걸 찾지 못하고 헤맬 때가 많다. 한번은 세수하러 갔다가 안경을 못 찾고 헤매자, "눈구녕은 가죽이 모잘라서 뚫어놨냐?" 하는데 안경 못 찾은 불편함보다 그 표현이 얼마나 우스운지 "내 눈구녕은 아무리 뚫어놓아도 우리 집 하수구마냥 자꾸 막히네." 하고 대답했다.

어릴 때 성냥을 갖고 불장난을 할 때면 "재직질하지 마라카이!" 하고, 어려운 일도 아닌데 요 핑계 조 핑계 대며 하길 망설일 때면 "고거야 호리뺑뺑인데 고것도 안 할라카나." 한다. 이때의 '호리뺑뺑이'란 말도 도무지 그 어원을 찾을 수 없다.

학비가 없어 고등학교에 가느냐 마느냐로 고민할 때 "나가 꼬장주우를 팔아서라도 학빈 댈끼니 니는 우짜든동 공부만 하거래이." 하는 말에 진학할 용기를 내기도 했다. '꼬장주우'는 아마도 여자 속옷인 '고쟁이'를 가리키는 말인 듯싶다.

봄이 되면 겉절이김치가 밥상에 올라와도 나는 신맛 나는 김장김치를 더 좋아했다. 아들이 애써 만들어놓은 겉절이 대신 신 김치를 찾으면 "야가 아 띠껬나. 와 신 기 맛있다카노." 하는 말도 노상 듣는 말이었다. '아 띠끼다' 는 말은 임신하다는 뜻이다.

울 엄마가 쓰는 여러 표현 중에 꼭 기억 속에 담아두고 되새김하는 말이 있다. 바로 "니는 절대로 개처럼 살지 말고 소처럼 살아야 댄대이." 하는 말이다. 엄마는 개보다 소가 늘 불쌍하다 했다. 왜 그러냐고 하니까 개는 늘 밥을 먹지만 소는 늘 죽만 먹는다고. 누구나 '개밥'이라고 하지 '개죽'이라 하지 않고, '소죽'이라 하지 '소밥'이라 하지 않는다.

소는 죽도록 미련하게 일하지만 밥을 먹지 못하고 죽을 먹는 데 비하여 개는 요령껏 주인의 비위를 맞춰가며 놀면서도 밥을 먹는다는 것. 그래도 울 엄마는 개처럼 살지 말고 소처럼 살라고 했다. 누가 알아주지 않아도 제 몫을 하는 인간이 되라는 뜻인가, 아니면 주인의 비위만 맞춰 살며 제 목소리를 내지 못하는 개 같은 인간이 되지 말라는 뜻인가.

우리 어머니 아버지 세대가 사용하던 이런 말들은 이제 사용하는 사람들이 없어지면서 사라질 것이다. 말은 그 말을 쓰는 무리의 동의하에 살아 있기도 하고 죽어버리기도 한다. 그중에서도 생활사투리는 그것을 쓰는 사람이 사라지면 저절로 없어질 수밖에 없다.

이제 제주도에 가도 순수 제주도 사투리를 듣기 힘들다고 한다. 모두가 표준어를 시용하는 게 교육직·사회적으로 필요하다고 느끼면서도 정겨운 사투리가 사라지는 게 무척이나 아쉽다. 울 엄마를 떠올리게 하던 그 말들이 사라지는 게 정말 안타깝다. 주변에서 들을 수 없는 게 너무너무 서운하다.

바보와 보살

#. 울 엄마는 참말로 볼품없었습니다.

울 엄마는 키가 너무 작았습니다. 정확히 얼마인지 재보진 않았어도 아마 1미터 50센티미터 아래위였을 겁니다. 아버지가 살아계실 때 하시던 말씀 중에 하나가 "나가 너거 엄마 키가 고리 작은 줄 알았으면 즈을 대로 결혼 안 했을끼라!"였습니다. 아버지가 울 엄마를 처음 본 건 구식 결혼식장에서였답니다. 마당 한가운데 암탉 수탉 두 마리의 호위 속에 신랑과 신부가 맞절을 한 뒤에 고개를 들어 얼굴이나 한번 볼까 하여 눈을 부릅떴지만 처음에는 아무것도 들어오지 않았답니다. 앞에 신부가 보여야 하는데 보이시 않았다나요. 그때의 느낌을 아버지의 표현대로 하자면 워낙 키가 작아 '배꼽까지밖에 오지 않아' 아무것도 볼 수 없었답니다.

게다가 울 엄마는 왜 그리 못생겼을까요? 실제는 그리 못생긴 편이 아닌데 사진 찍을 때는 왜 그리 인상을 썼을까요? 지금 남아 있는 울 엄마 사진은 열댓 장쯤 됩니다. 그 사진들은 하나같이 잔뜩 찌푸린 얼굴이었습니다. 웃는 표정은 물론 무표정한 사진도 없습니다. 오죽 했으면 영정 사진으로 쓸 만한 사진을 찾다가 어쩔 수 없이 사진사의 실력에 힘입어

고친 뒤 그나마 상 위에 올릴 수 있었으니까 말입니다.

울 엄마가 시골에 살 때는 그 키 작고 빼빼 마른 몸으로 밭에는 남보다 먼저 들어갔다가 나올 때는 늦게 나왔습니다. 도시로 이사 와서도 산동네 사는 덕(?)에 하루에도 대여섯 번 십 리쯤 되는 절새미16)까지 물동이를 머리에 이고 다녔습니다. 식구들이 잠들 때 일했고, 누구보다 일찍 깨었습니다. 그렇다고 낮잠도 자지 않았는데 어떻게 그럴 수 있었는지 아직도 제겐 수수께끼입니다.

#. 울 엄마는 계산을 도통 못했습니다.

울 엄마는 학교 문 앞에도 못 갔습니다. 한글을 쓸 줄은 물론 읽을 줄도 몰랐습니다. 그러니까 깜깜무식이지요. 어른들 중엔 일자무식이라도 재발라서 계산을 좀 하는 분들도 계십니다만 울 엄마는 계산이 아주 느렸습니다. 게다가 단 단위짜리의 아주 간단한 걸 빼고는 조금만 돈의 액수기 많아지면 어림도 없었습니다. 곁에서 누가 도와주지 않으면 힘들었지요.

셈이 느리거나 못하다보니 살림에 짜임새가 없었습니다. 예전에야 주부가 쌀독에 쌀이 얼마 남았는지 아는 게 가장 중요한 일이 아니었습니까? 그런데 그게 안 되다보니 지금 얼마 남아 있으니 앞으로 며칠 있으면 떨어지겠다는 예측을 잘하지 못했습니다. 게다가 손이 컸습니다. 우리 식구 수만큼 하는 밥 양이야 몇십 년 했으니 남지 않을 만큼 할 수 있

---

16) '새미'는 '샘'의 경상도 사투리. 그러니까 '절새미'는 절에 딸린 샘.

으련만 항상 밥이 남았습니다.

　우리 집에는 언제나 객손님이 넘쳐났습니다. 식사할 때 우리끼리만 먹을 때는 거의 없고 누군가 꼭 끼어들었는데 한번도 오는 객손님을 물리치는 법이 없었습니다. 그럼 식사량이 모자라겠지요? 허나 신기하게도 밥그릇 숫자는 꼭 맞았습니다. 어떻게 그럴 수 있었을까요? 객손님이 한 명 올 때도 두 명 올 때도 세 명, 네 명이 올 때도 그릇 숫자는 모자란 적이 없습니다. 김치국밥으로, 무밥으로, 콩나물 등의 나물밥으로 변신하면 딱 들어맞습니다. 어쩌면 울 엄마의 셈법에는 피타고라스도 생각 못한 수학공식이 들어 있었던 것일까요?

　#. 울 엄마는 벙어리였습니다.

　울 엄마는 벙어리였습니다. 시골에서 부산에 내려온 사촌들이 잠시 머물다 가는 간이역이었던 우리 집으로 꾸역꾸역 모여들었을 때 "내사 참말로 못 살겠심더. 우리도 억수로 어려운데 와 이녁 조카들이 시도 때도 없이 내려오능교!" 하며 아버지께 당연히 한마디 했어야 했는데 아무 말도 하지 않았습니다.
　부잣집도 아니고 겨우 입에 풀칠을 할 정도인 형편에 몇 달씩, 몇 년씩 조카들이 묵게 되면 누구나 한마디 했을 텐데 입에 아교가 붙은 양 한마디도 하지 않았습니다. 게다가 시골이지만 생활이 좀 나은 큰집이나 작은집 어른들께 당신 아들딸 먹여주고 재워주고 있으니 양식 좀 보내 달라는 말을 할 수 있는데도 한마디 없었습니다.
　그뿐인가요. 웬만하면 돈벌이하는 시조카들에게 "인자 너거들도 독립할 형편이 되니께 나가 도고!" 할 수 있으련만 "너거가 편안해질 때꺼

정 마 마음 놓고 있으라!"는 한마디뿐이었습니다. 월급 타면 하숙비 삼아 조금씩 내놓는 그 돈을 처음에는 받지 않다가 나중에 받았습니다만, 얼마 안 가 내놓은 돈보다 더 타가는 경우에도 입을 열 줄 모르는 벙어리였습니다.

우리 남매들에게는 그리도 욕을 해대고 야단도 치고 화 난 얼굴을 보였지만 사촌들에게는 늘 웃는 낯이었습니다. 어떤 땐 우리보다 먹을 걸 먼저 챙겨줄 때는 정말 야속했지요. 이불도 두꺼운 건 사촌 차지이고 얇은 건 우리 차지였습니다. 여름에 그 순서가 바뀌었고요.

제 지갑 속에는 울 엄마 사진이 한 장 들어 있습니다. 참 볼품없는 얼굴이지요. 치매와 중풍 땜에 요양시설에 머물 때 거기 사회복지사가 찍은 사진들 중 하나니 상상하지 않아도 짐작하시겠지요? 웃는지 우는지, 기분 좋은지 나쁜지, 뭘 생각하는지 안 하는지 도통 분간이 가지 않는 그 사진을 짬짬이 꺼내봅니다. 지금 보아도 보기 좀 그렇습니다. 해도 전 이 사진을 버릴 수 없습니다. 바보처럼 살았던, 너무나 어리석게 살았던 한 여인을, 한평생 고생만 하다가 세상을 떠난 우리들의 어머니 모습이기 때문일까요?

울 엄마는 가고 없지만 당신을 아는 이들에게 보살로 남았습니다. 가끔씩 사촌들이 들러 사진을 볼 때마다 "저기 보살할매 있네." 하고 농담을 하지요. 그리고 울 엄마는 무명의 수학자가 되었습니다. 피타고라스도 정리 못할 셈법을 발견해서지요. 또 무명의 철학자가 되었습니다. 어느 철인이 쓴 글보다 제게는 더 삶의 이치를 가르쳐주고 있기 때문이지요.

오늘따라 괜히 보고 싶습니다. 그냥 보고 싶습니다. 꿈속에서라도 만나고 싶습니다. 그래서 단 한마디라도 듣고 싶습니다. 마지막 10년을 당신

겪은 아픔보다 내가 겪은 아픔이 더 크다는 착각 속에 살아 떠나던 날 전하지 못한 그 말 '사랑합니다' 한마디는 꼭 전하고 싶습니다.

　엄마, 바보 엄마, 정말 보고 싶소.

제2부

그리움이 담긴
추억의 서랍을 열면

만병통치약 '두더지 소금'

시골에 살다 보면 반갑지 않은 동물들과 맞닥뜨릴 경우가 많다. 그중에서도 쥐는 정말 귀찮고 기분 나쁜 놈이다. 우리 집 주변에 서식하는 쥐는 모두 세 종류다. 다람쥐, 들쥐, 두더지.

쥐란 이름이 붙은 녀석들 중에 다람쥐는 귀여운 데가 더 많다. 요즘 감나무 위를 오르내리며 한창 재롱을 부리고 있는 걸 보면 왜 저 녀석에게 '쥐'란 말을 붙였을까 하고 맨 처음에 작명한 이를 원망할 때가 있다. 더욱이 우리랑 제법 익숙해졌는지 마주쳐도 바로 올라가지 않고 눈치를 보다가 가까이 가야 슬그머니 올라간다. 들쥐는 전에는 많았지만 도둑고양이가 어슬렁거리고부터는 눈에 잘 띄지 않는다.

문제는 두더지다. 우리말에 관심 있는 이라면 왜 '두더쥐'가 아니고 '두더지'일까 하고 궁금한 이가 있으리라. 원래 '지'가 아니고 '쥐'였음은 최세진의 《훈몽자회》에 나온다. 거기 따르면 두더지의 한자 '田鼠'에 '두디쥐'라는 음을 달아놓았다. 그러니 원래 '쥐'였는데 단모음화되어 '지'가 된 것이다.

두더지는 우리 밭에다 구멍을 숭숭 뚫어놓는다. 그래도 실제로는 두더지를 보지 못했다. 분명히 놈의 장난인 것 같은데 텔레비전이나 사진 외에는 한 번도 본 적이 없으니 심증은 있으되 물증이 없다. 그런데 오늘 아침, 비가 간간히 내려 산책할 수 없어 태백이(우리 집에서 키우는 풍산개)에게 변이나 해결하라고 밭 가까이로 데려갔더니 갑자기 앞발로 땅을 파헤치는 게 아닌가. 곱게 갈아놓은 밭을 엉망으로 만드는 것 같아 야단치려는데 별안간 뭔가가 뛰쳐나왔다. 바로 두더지다.

태백이가 번개같이 덮쳤지만 녀석은 그보다 더 빠르게 언덕 아래 숲속으로 달아난다. 잡으러 따라갔으나 이미 풀숲 깊이 사라졌으니 '두더지 쫓던 개 언덕 내려다보는 격'이 된 셈. 태백이가 억울한지 짖어대나 울림은 헛되이 메아리 되어 빈 골짜기를 되돌아올 뿐.

길에 뻗어 있는 두더지가 눈에 띄어 찰칵.

밭 주변을 꼼꼼히 살펴보았다. 생각보다 두더지의 흔적이 많았다. 녀석들은 군데군데 밭을 파 뒤집어놓아 작물의 자람을 방해한다. 게다가 지렁이를 좋아해 보는 족족 먹어치워 결과적으로 땅을 황폐화시킨다. 더욱이 뿌리작물인 경우 그걸 건드려 심각한 타격까지 입힌다. 고구마, 감자, 야콘, 돼지감자는 말할 것도 없고, 잔디밭도 이미 몇 군데 들쑤셔 새로 옮겨 심게 했으며, 심지어 언덕 쪽에 구멍을 뚫어 비올 때 토사가 흘러내린 적도 있다.

놓쳐버린 걸 못내 아쉬워하던 중 갑자기 어릴 때 먹은 적이 있는 '두더지 소금'이 떠오른다. 처음에 모르고 먹었을 때는 일반 소금보다 짠맛이 덜하여 아버지가 주는 대로 먹었으나 나중에 그게 두더지를 이용해 만든 걸 알고서는 먹지 않으려 달아나기까지 했으니…….

아침에 만난 마을 어른에게 혹시 달내마을17)에서도 두더지 소금을 만들어 사용했느냐고 여쭈었더니 아주 예전에는 만들어 사용한 적이 있으나 최근에는 구경하지 못했다면서 그 방법을 설명하는데, 어릴 때 내가 본 것과는 다르다. 결국 두더지 소금도 지역에 따라 만드는 법이 조금씩 달랐던 모양이다.

가장 흔한 방법이 두더지의 내장을 빼내고 그 속에 소금을 넣어 말린 뒤 시간이 지나 소금을 꺼내는데 이것이 어릴 때 내가 본 방법이다. 이렇게 만든 소금은 잇몸이 헐었을 때 사용한다. 좀 더 자세히 설명하면 다음과 같다.

먼저 두더지의 내장을 뺀 상태에서 소금을 넣고 실로 꿰맨 뒤, 그늘에 두

---

17) 내가 사는 곳의 행정상 명칭은 월천(月川)마을이나 원래는 달내마을이었던 것을 일제시대에 한자로 바꾸면서 월천마을이 되었다 함.

고 껍질이 꾸들꾸들해질 때까지 말린다. 대충 말랐으면 실밥을 풀고 속에 들어 있는 소금을 빼낸다. 바로 이게 두더지 소금이다. 이렇게 만들어 낸 소금으로 양치질을 하면 잇병이 잘 걸리지 않는다고 한다.

가정에서 할 수 있는 이런 방법 말고 옛날 한방(韓方)에서는 두더지의 내장을 빼내고 그 속에 소금을 넣은 뒤 다시 대나무 통 속에 넣어 불에 구웠다 한다. 죽염 만드는 방법과 비슷하니 어쩌면 더 효험이 있었을지 모르겠다.

이러저러한 방법으로 만들어진 두더지 소금은 양치할 때만 쓰는 게 아니라 상처 난 부위에도 바른다. 머리가 터지면 김치조각이나 된장을, 손발에 피가 나면 머큐로크롬[18]을, 벌레에 물리거나 하여 부어오르면 안티푸라민을, 속에 고름이 차면 고약으로 해결했던 그 시절 우리 집에는 다른 집에 없는 두더지 소금이 있어 다른 약을 대신하는 만병통치약 구실을 하였다.

아버지는 일흔이 넘어서도 "생쌀밥은 먹어도 죽밥은 못 먹는다."고 할 정도로 이가 튼튼했고, 나도 지금 충치 하나 없어 이 하나만큼은 어느 누구에게도 자랑스럽게 내세울 수 있음은 모두 두더지 소금 때문이다. 치약이 보편화되기 전부터 그 소금으로 양치를 해왔으니 당연한 결과가 아닐까.

'두더지 소금'.

밭을 뒤집어놓은 두디지가 아니라면 생각도 못했을 길 떠올리게 해줬

---

18) 당시엔 머큐로크롬이란 말은 거의 쓰지 않았고, '아까징끼'란 일본어를 사용했다.

다. 그런데 지금 누군가가 어떤 방법으로든 두더지 소금을 만든다면 그걸 사용할 사람이 있을까? 그게 입에 바로 들어가는데도 말이다. 아마도 "그 더러운 걸 어떻게 입에 넣어……." 하며 꺼릴 게 분명하다.

그래도 옛날 우리 아버지가 만병통치약으로 여겨 쳐다보기도 싫은 그걸 억지로 가족들에게 먹이고 바르게 한 건 약을 구할 수 없는 가난한 집에서 응급조치로 처방한 방법이라고 단순히 생각하고 싶지 않다. 또 그 속에 아주 신비한 효능이 들어 있었을 거라고 믿지도 않는다. 다만 두더지를 잡기 위해 공을 들이고, 다시 내장을 빼서 말리기까지 그 징그러운 과정을 이어가면서 오직 가족의 건강을 위한 그 마음을 생각한다.

갑자기 오늘 따라 아버지가 무척 보고프다.

빼때기와 쫄때기를 먹으며

누가 내 고향을 물을라치면 잠시 머뭇거린다. 태어난 지점을 묻는 말이라면 부산의 한 바닷가 마을인 붕깨라는 곳에 탯줄을 묻었다 하니 거기라고 대번에 답할 수 있다. 그러나 어머니가 나를 밴 채 부산으로 옮겨오기 전까진 경남 하동의 지리산 밑에서 살았고, 나 외의 형제자매들이 다들 거기서 태어나 자랐으며 선산도 거기 있으니 망설이게 된다. 더욱이 내가 쓰는 사투리, 먹는 음식, 내 몸에 밴 생활습관들이 다 거기서 온 것이니 더욱 망설일 수밖에.

그곳은 하루 정도의 짬으로는 찾아가기가 만만치 않은 곳인데다 친척이라곤 사촌형님뿐이어서 솔직히 발걸음이 뜸했다. 헌데 며칠 전 당조카 결혼식이 거기 군민회관에서 있어 새벽 일찍 차를 몰고 올라가기보다 전날 저녁에 미리 올라가는 게 편할 듯하여 그리 하였다.

사촌형님 댁은 요즘은 도로가 나 깡촌이라 하기에는 어폐가 있지만 그래도 촌은 촌이었다. 아득하게 펼쳐진 논밭 사이로 차를 몰면서 역시 논밭은 겨울이 돼야 땅이 제 빛깔을 찾는다는 걸 깨달았다.

오랜만에 만난 친척들과 술과 음식과 얘기로 방안을 데우고 있는데, 종

수[19]가 대소쿠리에 허연 걸 잔뜩 담아 들어오기에 처음엔 떡국 가랜가 했다. 그러나 설날도 아니고 이 밤에 떡국 가래라니 하며 의아해할 즈음, 방바닥에 놓이는 그걸 보는 순간 도시에서 온 사람들의 입에서,

"빼때기다!"

하는 소리가 이구동성으로 터져 나왔다. 그랬다. 빼때기였다. 어릴 때 형님 집에만 오면 고방[20] 가득 자리를 차지하고 있던 그 빼때기를 정말 오랜만에 보았다. 아니 삼십여 년 넘게 보지 못해 이미 기억의 태엽 속에 잠겼던 그것이 떡 하니 하얗게 분칠한 요염한(?) 모습으로 자태를 드러내었다.

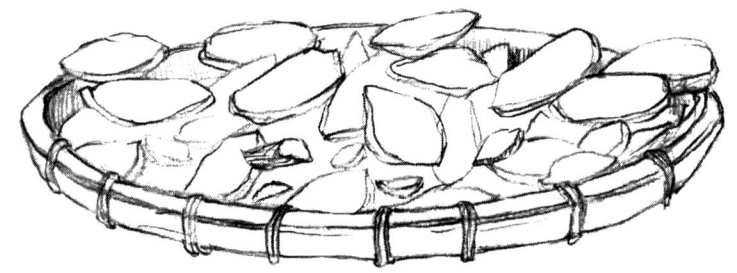

---

19) 사촌형수.
20) 광, 창고.

빼때기는 날고구마를 얇게 비스듬히 가로 썰어 햇볕에 말린 것이다. 빼때기란 말을 처음 듣는 사람들은 그게 우리말이 아니라 일본말이나 중국말인가 하고 갸우뚱하는데 경상도말이다. 아니 제주도에 가서도 들었으니 경상도말이라는 데는 의심의 여지가 있다.

이전에 먹어본 경험이 있는 사람들은 "아, 그거······." 하며 고개를 끄덕일 분들도 있으리라. 이 빼때기는 불과 수십 년 전만 하더라도 섬 지역이나 서부 경남에서는 겨울부터 이른 봄까지 주요 군것질거리며 식사대용으로 썼기 때문이다.

이제 가만 생각해보면 빼때기를 많이 먹었던 곳은 고구마 외에 다른 작물을 심기 힘든 섬이나 유독 고구마가 잘 자라는 지역이 틀림없다. 거기 사람들에게 고구마는 주식이었으니 보관할 방법을 찾느라 무진 애를 썼으리라. 자칫하면 썩거나, 곰팡이가 피거나, 쥐의 입 속으로 들어갔으니 말이다. 그래서 고구마를 썰어서 말린 상태로 보관하는 꾀를 냈으리라.

고구마를 말리는 장소는 따로 없다. 마당에 깐 덕석21) 위도 좋고, 초가지붕 위도 괜찮으며, 마루도 관계없다. 햇볕이 내리쬐고 바람이 통하는 곳이면 어디든 괜찮았다. 가끔씩 시골 큰집에 들를 때면 마을 어귀에서부터 마당과 지붕 위에 지천으로 깔린 빼때기. 멀리서 보면 하얗게 눈이 쌓여 있는 듯한 한 폭의 수채화를 그려내던 그 정경. 이는 말린 지 얼마 안 지나면 하얀 빛깔로 바뀌는데, 바로 고구마 속에 들어 있던 녹말이 밖으로 나오는 현상 때문이다. 이 녹말로 하여 빼때기는 구수한 맛을 지니게 되고.

---

21) 멍석의 경상도 사투리.

언제나 옛날을 떠올릴 때 가장 먼저 그려지는 풍경은 먹을거리다. 쌀밥은커녕 보리밥이라도 배불리 먹을 수만 있다면 하는 게 당시 대부분 사람들의 꿈이었다. 그러나 그것은 진짜 꿈이었을 뿐, 그래서 우리 어머니들은 쌀을 가능한 적게 사용하면서 해먹을 수 있는 요리 개발에 별별 꾀를 다 내었다. 이른 봄 흐드러지게 쑥쑥 올라오는 쑥을 뜯어 쌀을 조금 넣어 끓이면 쑥죽이 됐고, 밥 한 그릇에 김치만 넣으면 두세 명이 충분히 먹을 수 있는 김치국밥도 그랬다. 거기에 덧붙일 수 있는 또 한 가지가 빼때기죽이다.

초등학교 2학년쯤 시골에 갔을 때, 가마솥에 말린 빼때기와 팥을 듬뿍 넣고 물을 부은 후 오랫동안 끓일 때면 달큼하면서도 구수한 냄새에 아궁이 곁을 떠나지 않는 나를 보며 종수는,

"우리 되렴[22]한테는 이런 거 먹여서는 안 되는데."

할 때 종수의 눈에 어리던 슬픔의 의미를 깨닫기엔 너무 어렸다. 아니 그게 맛있어 다음날도 먹고 싶다 했으니. 모처럼 찾아온 어린 사촌 도련님에게 제대로 된 밥을 먹이고 싶었으리라. 그러나 형편은 그렇게 할 수 없었고. 철부지 도련님은 웬걸 입에 착 감기는 그 맛에 그 집에선 맛있어서 먹는 게 아니라 먹고살기 위해 사흘들이 해먹는 걸 어떻게 알았으랴.

고구마의 종류를 이제는 어떤 식으로 분류하는지 몰라도 나 어릴 때는 두 가지뿐이었다. 타박고매와 물고매. 글자 그대로 물기가 적어 타박타박한 고구마가 타박고매라면, 물기가 많은 고구마가 물고매였다. 빼때기는 아무 고

---

22) 도련님의 경상도 사투리.

구마로나 다 만들 수 있었던 게 아니었다. 빼때기를 만드는 고구마는 타박고매였다. 그런데 고구마는 같은 줄기에서 자른 순을 가지고 심었다 하더라도 밭에 따라 타박고매도 되고 물고매도 된다.

생산된 게 모두 타박고매라면 빼때기로 만들면 되나 물고매가 나올 수도 있었다. 허나 물고매라 하여 우리 어른들은 실망하지 않았다. 물고매는 바로 말리면 그 풍부한 물기 때문에 쪼그라들어 볼썽사납게 된다. 그것을 극복하려고 꾀를 냈는데 날고구마를 썰어 말리는 게 아니라 삶아 말리는 거였다. 이때 주의할 점은 완전히 바짝 말려서는 안 된다. 물기가 조금 남아 약간 까들까들한23) 상태일 때가 가장 맛있다.

이렇게 물고매를 삶아 뭉텅뭉텅 썰어 말린 걸 쫄때기라 한다. 이 쫄때기의 맛은 빼때기와 다르다. 빼때기가 구수하다면, 쫄때기는 달콤한 맛이 난다. 헌데 빼때기는 알아도 쫄때기는 모르는 이가 많다. 아니 사실 '쫄때기' 란 말을 아는 이가 많다. 그러나 이때의 쫄때기는 쫄따구의 변형으로 군대에서 '졸병' 을 가리키는 은어로 알고 있거나, 옛날의 문구점에서 아이들에게 불티나게 팔리던 불량과자인 '쫀득이' 의 딴말로 알고 있을 뿐.

내가 하도 맛있게 먹기에 종수가 일부러 잔뜩 싸준 빼때기를 집에 와 아내에게 자랑스럽게(?) 풀어보였다. 물론 먹기 전에 그에 얽힌 추억까지 얘기하며 입맛을 돋우도록 한 뒤에 먹게 했다. 그러나 첫 말은,

"에이, 난 또 하도 선전해서 대단한 맛인 줄 알았더니……."

한 번 깨물어보더니 맛도 별로인데다 이 부러지겠다며 먹지 않으려

---

23) '꼬들꼬들한' 이란 말보다 이 말이 더 정겹게 느껴져 이 말을 자주 쓴다.

했다. 외려 내가 맛있게 먹는 걸 신기하다는 듯 보는 게 아닌가. 그때부터 아내와 나는 실랑이를 벌였다. 나는 가능한 맛있는 표정을 지으려 했고, 아내는 어이없다는 표정을 지었고.

그렇게 허망하게 무너질 수 없어 2차전을 벌였다. 승부는 그 옛날 종수가 슬픔의 눈길로 끓여준 빼때기죽이었다. 그러나 투덜대면서 만들어진 그 죽은 재료나 과정 면에서 차이가 없었는데 이번엔 내게도 별 맛이 나지 않았다.

옛날의 맛을 느끼려 한 것은 단순히 추억을 되살리기 위함이었던가. 아니다. 그런데도 맛을 못 느낀 것은 내 입맛이 너무 현대화된 것일까, 아니면 먹고 살만 하기에 배부른 부자의 입맛으로 변했기 때문일까. 입맛이 변한 것보다 내 의식이 변한 것인 듯싶다. 그래도 나는 아내가 먹지 않아 남겨진 빼때기를 심심하면 꺼내 먹는다. 그 옛날 따뜻한 고향의 맛, 사랑의 맛을.

쑥털털이를 먹으며

　봄의 향기를 전하는 남새[24] 중 대표적인 것이라 하면 나생이[25], 달롱개[26], 쑥이리라. 그중 달롱개는 코로 먹고(향기가 셋 중 으뜸이다. 믿기 어려운 사람은 셋을 한 바구니에 담아 방이나 차 안에 넣어둬 보라. 다른 냄새는 스르르 꼬리를 말고 만다), 나생이는 입으로 먹고(나물로 무쳤을 때 씹히는 잎의 아삭아삭한 맛과 뿌리의 쫀득쫀득한 맛), 그리고 쑥은 눈으로 먹는다.

　봄비 온 뒤 쑥쑥 사라 오른다 해서 '쑥'이라 했던가. 추위가 아직 땅 위에 머물러 있을 때부터 녀석은 고개를 내밀 준비를 하고 있다가 봄내음을 살짝만 맡아도 어느새 머리를 내민다. 갓 머리를 내민 녀석의 고 보드라운 살결을 만지려면 금방이라도 부서질 것 같아 그 순간만은 차마 먹고 싶은 마음을 앗아가 버린다.

---

24) 채소.
25) 냉이.
26) 달래.

올해는 유난히 따뜻한 날씨 덕으로 2월 중순에 첫 수확을 하여 처음 국을 끓여 먹은 뒤로 조금 떨어진 묵정밭이나 논둑까지 갈 필요 없이 우리 집 울안이나 뒤란을 뒤지면 어느새 쑥쑥 자라 있어 끓여 먹다보니 요즘 들어 밥상 위에는 늘 쑥국이 오른다. 국뿐인가. 쑥전을 부쳐 먹기도 하고 심지어 라면을 끓일 때도 쑥을 넣는다. 먹어보지 않은 사람이라면 오늘 저녁이라도 당장 넣어 끓여보라. 라면 특유의 느끼한 맛이 가시고 독특한 싸한 쑥맛이 더해져 더욱 맛있다.

아들딸이 워낙 기대에 모자라(?) 우리 부부는 서로 저 닮지 않았다고 다투다 나중에는 유전자 감식까지 해보자는 데까지 이르다가도 먹성 하나만은 너무 닮아 감식의 필요성을 잊게 만드는데, 애들도 쑥국을 무척 좋아한다.

그렇지만 아무리 좋아해도 보름이 넘으니 나도 물리고 아내도 물리면서 대책을 마련한 게 쑥떡이다. 그러나 쑥떡도 쑥국의 뒤끝이라 그런지 몇 개는 먹을 만하더니 이내 물린다. 이제 쑥과 결별해야 할 때가 된 것 같아 조금 섭섭했다. 헌데 쑥떡에 물리니 이젠 쑥국이 먹고 싶지 않은가. 해도 어쩔 수 없다. 그새 쑥이 국으로 끓여먹기엔 너무 억세졌으니까……

쑥이 너무 웃자라 억세져 국으로 끓여 먹기 마땅찮을 때는 나름대로 머리를 쓰면 길이 열린다. 즉, 한 번 뜯어낸 자리에 짚을 덮어놓고 물을 뿌린 뒤 일 주일쯤 지나면 그곳에는 다시 부드러운 녀석들이 올라온다. 그런데 그것도 날씨가 계속 따뜻하니까 짚으로 덮어놓은 게 오히려 화가 돼 쑥을 뜨게 만들어선지 올라오지 않는다. 억센 쑥 가운데서도 부드러운 녀석만 골라 끓여 봐도 확실히 맛이 차이난다.

어제 밭을 매다가 한쪽에 수북이 올라온 쑥을 보았다. 덩치가 커지니 문자 그대로 그곳은 쑥밭이다. 쑥밭이란 낱말의 느낌을 제대로 느끼던 중 상추나 다른 채소를 심기 위해 뽑아내버리나 어쩌나 하는데 문득 어릴 때 엄마가 만들어 준 쑥털털이27)가 생각났다.

쑥으로 해먹을 수 있는 음식이 여러 가지겠지만 억세더라도, 아니 오히려 억세야 해먹을 수 있고, 또 쑥내음이 가장 짙게 배어나는 게 쑥털털이리라. 쑥국은 끓이는 과정에서, 쑥떡은 만드는 과정에서 향이 거의 사라지고 입에만 조금 남기는 데 비하여 쑥털털이는 제대로 향이 살아난다.

원래 쑥털털이는 쌀가루를 쑥에 묻혀 만들어야 하나 나 어릴 때는 밀가루를 사용했고, 단맛을 내려고 사카린을 썼다. 그래도 그때는 얼마나 맛있던지! 다행히 아내도 어릴 때 먹은 적이 있다고 하여 기대를 했다. 옛날의 밀가루 대신 쌀가루에 소금을 조금 섞은 뒤, 사카린 대신 달고나를 넣었다. 단맛을 내려 설탕을 넣지 않은 건 쌀가루를 바를 때 설탕은 쌀가루를 달라붙게 하여 골고루 묻히지 않게 만든다. 그런 뒤 찜솥에 넣어 김으로 쪄낸다.

이런 과정을 거쳐 탄생한 쑥털털이는 옛날의 맛 그대로는 아니었지만 그런 대로 쑥향이 짙게 배어 있어 먹을 만했다. 마침 우리 집 앞을 지나가시는 산음어른을 모셔 한 접시 내드렸더니 "밥 묵은 지 한 시간도 안 돼 넘어갈라나……." 하시면서도 접시를 이내 다 비우신다. 역시 쑥향의 으뜸은 쑥털털이라 하시면서.

---

27) 표준어로는 '쑥버무리'나, 쑥을 쌀가루로 버무린다는 뜻보다 쑥을 쌀가루에 묻혀 탈탈 털어 만든다는 측면에서는 쑥털털이란 사투리가 더 실감나게 느껴진다.

쑥국이든, 쑥전이든, 쑥털털이든 맛도 맛이지만 그 향기는 어떤 수식어도 필요하지 않을 만큼 정말 좋다. 이른 봄, 언 땅을 뚫고 겨울잠에서 깨어난 쑥은 고운 연둣빛을 띠고 있다가 봄볕의 따사로움에 서서히 갈맷빛으로 바뀌어간다. 향기 또한 은은함에서 짙음으로 바뀌고.

바람을 타고 콧속으로 들어와 내장까지 확 퍼지는 쑥향은 우울하거나 꽉 막힌 가슴을 풀어줄 만큼 상큼하다. 쑥에 들어 있는 치네올린이라는 성분 때문이다. 이 치네올린은 우리의 가슴 속만 시원하게 해주는 게 아니다. 살균과 살충 효과까지 있어 여름밤에 모기를 쫓기 위해 쑥을 태우는 것도 이런 이유에서다.

우리 선조들은 비록 치네올린이란 성분은 몰랐지만 쑥향의 효과만은 확신했던가 보다. 단옷날에 뜬은 쑥 한 다발을 문 앞에 세워두면 질병이나 액이 침입하지 못한다고 믿기까지 했으니 말이다. 그래서 민가에서는 이사할 때 살림을 새집에 들여놓기 전, 말린 쑥을 집의 네 귀퉁이에 두고 태워 잡귀를 물리치는 전통이 얼마 전까지도 내려올 수 있었고……. 집귀까지는 몰라도 새로 지은 아파트에 들어가면 '새집증후군'이란 이름의 신종 잡귀를 물리치는 데 말린 약쑥이 효과가 있다는 얼마 전의 신문 기사가 그래서 눈에 들어왔으리라.

지금 쑥을 먹는다. 쑥털털이를 먹는다. 아니 쑥향을 들이마신다. 그래서 내 속에 든 잡된 마음, 잡된 생각을 재우고 싶다.

오늘 아침에 다소 행복하다고 생각하는 것은

원래 나는 아침밥을 잘 거르지 않는다. 아니 거르지 않는 게 아니라 밥 한 공기를 뚝딱 해치우는 편이다. 그러던 게 작년부터 삼분의 이로 줄어들었다. 특별히 입맛이 떨어진 것 같지는 않는데, 그럼 나이 탓인가.

어제 아침은 전날 폭음한 탓에 굶고(폭음한 다음날 아침에는 식사를 못한다), 저녁에는 일이 있어 밖에서 먹었기에 사흘 만에 아침상을 받았다. 그러나 언제나처럼 억지로 일어나선지 아직도 잠이 덜 깬 상태로 밥상머리에 앉았다. 대충 한 끼 때우고 가야지 하는 심정으로. 어? 그런데…… 밥상 위에 올라온 반찬 한 가지를 보는 순간 눈이 번쩍 뜨이었다. 처음에는 시금치를 무쳤나 싶었는데 아니 웬걸, 고춧가루가 알맞게 버물린 씬냉이김치가 아닌가.

표준어로는 씀바귀라고 하지만 내 고향 하동 지리산 아래에서는 다들 씬냉이라 했다. 거기 들판에 나가면, 아니 들판까지 갈 필요 없이 집 모서리를 돌아서기만 하면 지천으로 깔려 있는 게 바로 씬냉이였다. 울 엄마는 한 번씩 갈 때마다 바닥을 훑다시피 뜯어다 김치를 담았고, 한겨울 동안은 김장김치만 먹다가 봄이면 꺼내 먹는데 그 맛을 어디다 비기랴.

잊어버리고 있었는데 아내가 슬그머니 나와 처음 만났을 때 주고받

앉던 얘기를 꺼냈다. 결혼 전 처음 만난 자리에서 내가 대뜸 꺼낸 말이 "씬냉이김치 담글 줄 아느냐?"였다 한다. 기억 밖의 일이라 웃으며 그때 뭐라고 답했느냐니까 '그 중요한 걸 기억 못하나?' 하는 눈빛으로 바라보기에, 내 기억창고는 그런 사소한(?) 일까지 담아둘 용량이 못된다고 답했다가 바가지만 된통 긁히고. 아내의 대답은 이랬다 한다. 직접 담아보진 못했으나 배우면 담을 수 있다고. 그래서 결혼상대로 결정했나?

달포 전쯤 뒷산으로 산책 갔을 때 묵정밭에 옹기종기 모여 있는 걸 보고 "이제 조금만 더 있으면 김치 담가도 되겠네." 하며 흘리듯 하는 말을 들었던가 보다. 평소에 그리 좋아한다고 눈치를 줬으니 안 담그고 배기랴.

씬냉이김치의 쌉쏘롬한 맛을 입 안 가득 느끼며 밥과 김치를 번갈아 넣는데 문득 둘째누나가 떠오른다. 예순다섯의 나이에도 누나는 소쿠리를 이고 시장에 나간다. 한때는 사업이 번창하여 넘부럽지 않게 살다가 이제는 파산하여 하루 벌어 하루 살아야 하기 때문이다.

누나는 유달리 씬냉이김치를 좋아했다. 내 알기론 가으내 그 집에선 한 끼도 떨어질 때가 없는 반찬이었다. 지금도 누나 집 냉장고에는 그게 들어 있을 것이며, 오늘 아침 나처럼 씬냉이김치를 먹고 기장장[28]에 갈지 모른다.

---

[28] 부산시 기장군에 닷새에 한 번 서는 장.

그런데 울 엄마는 누나들이 씬냉이김치 먹는 걸 그리 좋아하지 않았다. 씬냉이김치를 먹으면 씬냉이처럼 '씨븐29)' 팔자로 살게 된다며. 설마 그 때문은 아니겠지만 누나 셋의 팔자는 씬냉이처럼 '씨븐' 팔자다. 둘은 남편을 일찍 여의었고, 한 사람은 남편과 잘 풀리지 않는 아주 '씨븐' 팔자다.

오늘 오후에 아내와 함께 서울 올라간다. 아들딸이 내려와 주기 힘들 때 아내가 혼자 올라갔는데 이번에는 나도 서울에 일이 있어 함께 올라간다. 나는 직장에 나가야 하기에 내일 내려오겠지만 아내는 아이들과 거기서 며칠 있게 된다. 시험 기간인데 제대로 먹지도 못하고 공부해야 할 애들이 엄마 심정으로는 안쓰러웠나 보다.

어쩐지 어젯밤에 곰국 냄새가 예사롭지 않더라니, 오늘 아침 씬냉이김치로 일 주일을 버티라는 뜻이리라. 그만도 충분하다. 곰국과 씬냉이김치 둘이면 일 주일이든 이 주일이든 못 버티랴.

누나 생각을 하면 조금 우울해지지만 그래도 오늘 아침을 다소 행복하다고 말할 수 있는 것은 〈나의 가난은〉에서

"오늘 아침을 다소 행복하다고 생각하는 것은,

한 잔 커피와 갑 속의 두둑한 담배, 해장을 하고도 버스값이 남 았다는 것……"

하고 노래한 천상병 시인을 떠올릴 수 있음과 씬냉이김치를 맛나게 씹을 수 있기 때문이다.

---

29) 서부경남에선 '쓴' 이란 말 대신 '씬' 또는 '씨븐' 이라 했다. 그러니 '씨븐 팔자' 는 '쓴 팔자' 나 '고달픈 팔자' 란 뜻이다.

홍시 감시 돼지 불알[30]

나는 기억력이 뛰어나지 못하다. 달리 말하면 건망증이 심한 편이다. 어떤 땐 내가 생각해도 한심할 정도로 잘 잊어버린다. 그러기에 아내는 종종 그 기억력으로 교사노릇을 한다는 게 신기하다고 얘기한다.

그런데 기억해야 할 건 잘 잊어버리고 잊어버려도 될 건 잘 기억하는데, 그중의 하나가 어릴 때 불렀던 노래들이다. 지금도 잊히지 않는 노래 가운데 교회에서 예닐곱 살 정도의 아이들에게 가르쳐준 〈재주넘는 다람쥐〉와 초등학교 음악시간에 배운 "낙동강 굽이치는 태백 산줄기, 옛가야 신라든 유서 깊은 내 고장~" 하는 노래를 술이 얼큰하게 취하면 가끔씩 흥얼거리는데 그럴 때면 듣는 이들이 신기하다는 듯 바라본다.

다른 노래로 "홍시 감시 돼지 불알, 니 하나 먹고 나 하나 먹고~"가 있다. 불행히도 십 년 전까지 불렀던 노래를 이제는 거의 잊어먹었다. 다만 이 노래를 남자아이들은 시차기[31]할 때, 여자아이들은 고무줄놀이 할 때 불렀던 것 같다.

---

30) '불알'은 사전에서 '부랄'의 강원, 전남, 제주, 충청도 사투리라 돼 있으나 서부경남 사람들도 사용한다.

31) '비석치기'의 경상도 사투리.

이 노래의 가사에 신경을 둬 해석하다보면 내용의 심각성(?)에 혀를 내두를지 모르겠는데, 내용보다는 각운의 효과를 노려 적당히 붙인 게 아닌가 하는 생각이 든다. 즉, '홍시'와 '감시(단감)'의 끝소리가 같은 '시' 소리로 반복됨으로써 운율이 형성되는 효과를 노렸으리라. 그러나 뒤에 하필 '돼지 붕알'이 붙은 이유는 잘 모르겠다.

이왕 꺼낸 김에 돼지 붕알이 붙은 노래를 찾으면 하나 더 있다. 역시 놀이할 때 불렀다.

"엄마야 뒷집에 돼지 붕알 삶더라 / 좀 주더나 좀 주대요 / 맛있더나 맛없대요 / 찌찌찌릉내가 나대요 / 꾸꾸꾸릉내가 나대요."

'지린내'와 '구린내'를 '찌릉내'와 '꾸릉내'로 표현한 거야 토속성을 강조한 것이지만 앞에 두 자 더 반복하여 운율의 효과를 살림은 정말 탁월하다.

올해 달내마을에서 감은 흉년이다. 어른들 말로는 해걸이를 한다고 한다. 그러니까 작년이 풍년이었으니 올해는 흉년이라는 말. 그래도 마을을 두르고 있는 빛깔 중에 가장 아름다운 빛깔은 역시 감빛이다. 아니 좀 더 정확히 말하면 빠알간 홍시빛이다.

우리 마을엔 단감이 거의 없고 토종감(마을 어르신들은 '참감'이라 함)이 대부분이라 끝까지 남는 게 별로 없다. 홍시가 되면 떨어지기 마련이다. 그래서 잠 잘 때면 지붕에서 홍시 떨어지는 소리가 '쿵' 하고 난다. 뿐인가. 길은 홍시가 만들어낸 온통 붉은 얼룩투성이.

홍시를 언급한 김에 떡과 가장 궁합이 잘 맞는 것, 즉 떡 먹을 때 함께 먹으면 더욱 맛있는 게 뭘까? 우리말의 묘미를 알면 쉽게 답할 수 있다. 바로 꿀이다. 꿀과 함께 먹으면 '꿀떡꿀떡' 잘 넘어간다. 다음으로는 술이다. 역시 '술떡술떡' 잘 넘어간다. 실제로 술 먹을 때 떡을 안주로 먹어본 경험은 없지만 언젠가 텔레비전을 보니 서울의 어느 술집에서는 안주로 떡을 구워 내놓는데 상당히 인기라 한다.

그런데 나는 떡과 가장 궁합이 맞는 걸 홍시라 생각한다. 떡을 꿀이나 조청에 찍어먹으면 분명히 맛있다. 그러나 그건 단맛이 거의 없는 떡일 때 말이지 단맛이 잔뜩 밴 떡일 경우에는 너무 달아서 많이 먹지 못한다. 그에 비하면 홍시는 다르다.

홍시 몇 개를 으깨 접시에 담아놓고 떡을 찍어먹으면 정말 입에 착 달라붙는다. 물론 홍시도 달지만 그 단맛은 질리게 하는 맛이 아니라 당기게 하는 맛이다. 혹 아는 이들이 찾아오면 떡을 내놓는 경우가 있는데 그때 꿀과 홍시를 함께 내놓으면 홍시 쪽으로 손이 더 많이 간다.

지금도 어느 학교에서든 추계백일장에 글감으로 '홍시'가 빠지지 않는다. 그러면 "시골 외할머니 댁에 가면 감나무에 홍시가 주렁주렁 매달려~" 하고 시작하는 아이들이 많다. 아니 제법 유명한 문인의 글에도 그런 표현이 자주 나온다. 그런데 왜 하필 외할머니 댁일까? 친할머니 댁도 시골일 수 있는데.

어떤 이유에선지 잘 모르겠다. 다만 홍시의 고 빨간 빛깔을 떠올리면 답을 유추할 수 있다. 빨간빛은 시골의 장작불빛과 통하면서 외할머니의 뜨거운 사랑과 연결된다. 친할머니야 늘 함께하다 보니 사랑도 성냥불 사랑이다. 그러나 오랜만에, 정말 오랜만에 만나는 외할머니의 사랑은 장작불 사랑이다. 그러기에 홍시는 외가댁 담장 옆에 달려야 어울리지 않을까?

달내마을에서 단풍빛보다 먼저 온 마을을 붉게 물들이는 홍시를 보고 먹으며, 그 옛날 불렀던 "홍시 감시 돼지 붕알"이란 노래의 가사를 되살려 보려 한다. 기억 바구니가 너무 낡아 되살려질지 모르겠지만 그래도 노력은 해봐야겠다. 그리고 오늘 저녁에 아내더러 떡을 홍시에 찍어먹을 수 있게 잘 쪄놓으라고 해야겠다.

아직도 살아 있는 월남벌레

60년대 말까지 부산에서 초등학교를 다닌 이라면 한 번쯤은 부산항 제3부두에서 거행된 파월장병 환송식에 다녀온 적이 있으리라. 아무것도 모르는 아이들은 선생님의 인솔 아래 부두로 가 종이태극기를 흔들며 노래를 불렀다.

음악 시간은 물론 다른 시간까지 쪼개어 "자유통일 위해서 조국을 지킵시다. 조국의 이름으로 님들은 뽑혔으니~" 하는 맹호부대 노래를, "아느냐 그 이름 무적의 사나이, 세운 공도 찬란한 백마고지 용사들~" 하는 백마부대 노래를, "삼천만의 자랑인 대한 해병대, 얼룩무늬 번쩍이며 정글을 간다~" 하는 청룡부대 가사를 외워야 했고 노래를 불러야 했다.

전생이 계속되는 중에 동네에는 어떤 형은 개선장군이 되어 돌아와 다음날이면 돈을 엄청나게 벌어 어디어디 땅을 샀다거나 집을 샀다는 말이 떠돌았다. 그러나 영영 돌아오지 않는 형도 있어 그 집은 물론 이웃집마저 초상집이 되기도 했다. 한쪽에선 돈을 벌었다고 잔치를 하고 한쪽에선 죽었다고 울음바다가 되는 돈과 죽음이 공존하는 동네 분위기가 낯설지 않았다.

아이들은 죽음과는 거리가 떨어져선지 곧 잊는 대신 누구누구의 형이 갖고 온 통조림 한 숟갈 얻어먹는 게 가장 큰 낙이었다. 나도 그랬다. 우리 집에서 오른쪽으로 네 번째에 있는 홍기형의 집에 뻔질나게 드나들게 된 게. 누가 물으면 홍기에게 숙제가 무엇인지를 묻기 위해서라 했지만 혹 통조림 한 숟갈 얻어먹을 수 있을까 하는 게 주된 목적. 게다가 홍기형은 월남 갔다 온 뒤 한참 동안 밥이 입에 맞지 않는다고 투덜대다가 라면을 사먹을 때가 종종 있었다. 그럴 때 찾아가면 얻어먹던 면발 몇 줄.

순전히 얻어먹으려는 욕심에 홍기형의 집을 드나들던 어느 날, 그 집에서 이상한 걸 보았다. 카스테라에 크기가 쌀알만 한 새까만 벌레들이 우글거리고 있는 게 아닌가. 뭔가 싶어 가만 보니 흙을 가득 채운 병 속에 개미를 넣고 며칠 뒤에 보면 이리저리 굴을 파놓듯이 그 벌레들도 카스테라 속을 그렇게 만들고 있었다.

집에 돌아와 막내누나에게 말하자 누난 그 벌레가 어디선가 약이 된다는 얘기를 들었는지 얻어오라고 하여 다음날 몇 마리 가져왔다. 그리고 홍기네처럼 두꺼운 종이상자에 카스테라를 넣고 키웠다. 녀석들은 잘 자랐고 번식력이 엄청나게 좋았다. 내가 평소 그렇게 먹고 싶어 하던 카스테라는 녀석들의 입 속으로 금세 금세 사라져갔다.

처음 한동안은 누나가 벌레들에게 카스테라를 주기 전에 내게 조금씩 떼어주었으나 녀석들의 먹는 양이 불어나면서 주지 않는 대신 몇 번이나 엄포를 놓았다. 카스테라를 먹었다간 가만 안 둔다고.

허나 한번 맛 본 카스테라 맛을 잊지 못하던 어느 날, 누나가 상자 속에 카스테라를 넣고 공장에 간 뒤 두 시간쯤 지났을까. 결국 카스테라에 손을 댔다. 한쪽에는 벌써 녀석들이 들러붙어 상당 부분을 갉아먹었으나 한쪽에는 아무것도 없어 그 부분만 떼어내 씹었다.

오랜만에 맛보는 달고 고소한 맛! 그런데 갑자기 단맛 대신 쓴맛이 느껴지는 게 아닌가. 밀려드는 섬찍지근함에 재빨리 뱉고 보니 놈들이 갈래갈래 찢어지고 뭉개진 상태로 침과 섞여 땅바닥에 놓여 있었다. 나는 아침 먹은 것을 다 토해내고 말았다.

그런데 아버지와 누나는 나처럼 토해내지 않고 잘만 먹었다. 구워먹거나 볶아먹거나 삶아먹는 게 아니라 그냥 삼켰다. 씹어 먹지는 않았으나 분명 살아 있는 놈들을 그냥 삼켰다. 아버지야 원래 아무거나 잘 먹으니 그렇다 쳐도, 누나는 정말 이해할 수 없었다. 주로 아버지는 술에 타 마시고, 누나는 물에 타 마셨다. 해도 하루에 먹을 수 있는 양에 비해 워낙 엄청나게 불어나는 바람에 얼마쯤은 버리기도 했다.

며칠 지났을까, 갑자기 밤에 누나가 배가 아프다고 난리를 쳤다. 좁은 방바닥을 뒹구는 바람에 모두 일어났으나 누나의 비명은 그치지 않았다. 지금 같으면 응급실에 갔으련만 그때는 우리처럼 사는 사람들에게 병원은 워낙 먼 세계의 일이라 엄마가 고작 바늘로 따주는 일밖에 할 수 없었다.

다음날 누나는 회사에 갔다. 밤새 잠 한 숨 못 자고 아파 뒹굴었건만 하루 결근하면 무슨 수당인가를 받지 못하고 연말에 개근상도 못 받는다고 하면서 억지로 갔다. 엄마의 부축을 받으며.

그 다음날은 아버지에게 탈이 생겼다. 아파 방바닥을 뒹구는 대신 토사곽란에 시달렸다. 얼마나 토하고 설사를 심하게 했는지 하루도 채 지나지 않아 눈이 휑하니 뻥 뚫린 듯이 보였다.

그리고 다음날 우리 집에선 월남벌레라 불리던 놈들이 사라졌고, 나도 더 이상 카스테라를 먹을 수 없었다.

그때 월남벌레 사건을 보면서 문득 요즘도 무엇이 어디어디에 좋다고 하면 그게 유행처럼 번져 온 나라 사람이 떼를 지어 달려드는 걸 볼 때 월남벌레는 아직도 현재진행형인 듯싶다. 이름만 들어도 참으로 찬란하다. 보기만 해도 징그러운 굼벵이, 토룡탕의 지렁이, 용봉탕의 자라 등은 오래 생각하지 않아도 퍼뜩 떠오르는 보신동물들이다. 뿐인가, 지금쯤이면 겨울이라 한참 잠을 자고 있을 참개구리가 씨가 마를 정도로 수난을 당하고 있다는 기사는 남의 나라 소식이 아니다.

바퀴벌레를 퇴치하려면 한 가지 좋은 방법이 있다. 제법 유명도가 있는 의사나 한의사가 "바퀴벌레를 구워 가루로 만들어 꿀에 버무려 장복하면 정력에 아주 효과가 있습니다."라고 하거나 "바퀴벌레를 삶아 우려낸 물을 얼굴에 바르면 어린아이 피부로 바뀝니다."라는 한마디만 하면 된다. 그러면 매스컴은 한 수 더 거들 게고. 아마 모 중소기업에서는 바퀴벌레를 산 채로 잡는 도구를 개발하여 홈쇼핑에 광고할 게다. 이런 코미디가 성립할 수 있는 게 우리나라이고, 그 나라에 나도 살고 있다.

보림극장 '쇼' 이야기

지금은 영화를 보고 싶으면 텔레비전과 인터넷을 통해서도 마음껏 볼 수 있지만 당시에는 극장에 가지 않으면 볼 수 없었다. 허나 극장에 가는 게 쉽지 않았고, 특히 아이들끼리 가는 건 상상도 할 수 없었다. 그렇다고 부모님이나 나이 든 형제자매도 데려가주지 않았으니…….

초등학교 시절, 딱 두 편의 영화를 보았다. 〈심청전〉과 〈정복자〉. 심청전은 여러 번 감독을 달리하여 나아 다들 한 번쯤은 보았을 테니 그냥 그렇구나 하며 고개를 끄덕이다가도, '정복자'란 이름을 대면 의아해한다. 같은 나이 대라도 잘 기억나지 않는다면서. 여기서 말하는 '정복자'는 외화 〈정복자 펠레〉가 아니다. 초등학교 3학년 때 본 〈정복자〉는 흑백영화로, 그 내용은 잘 기억나지 않으나 독립군을 다룬 이야기에 신영균과 박노식의 멋진 모습만은 잊히지 않는다.

중학교에 올라가면서 일 년에 두어 차례 단체 관람을 했고, 고등학교 무렵에는 그 숫자가 더 늘어났던 것 같다. 그리고 그때쯤에는 단체관람 아니고도 좀 노는 애들은 친구들과 함께 보러 가곤 했다. 특히 서면 주변에 극장이 하나둘 들어서면서 다루는 장르도 다양했고, 비싼 영화관과 싼 영화관이 있어 입맛대로 구경할 수 있었다.

외화 개봉극장인 북성극장과 수준 높은 영화를 상영했던 태화극장, 동보극장은 요금이 비쌌지만 이성극장, 노동극장 등은 후진 극장이라 학생들은 싼 맛에 거기를 몰래 드나들었다. 게다가 그런 극장들은 이본 동시상영이라 한 편 값으로 두 편을 볼 수 있는 대신 비 오는 화면을 감수해야 했다. 아무리 햇빛이 쨍쨍한 장면이라도 화면에는 늘 비가 내렸는데 그러면 어떠랴. 영화를 볼 수 있다면 그만이었다.

그중에서 서면에서 시내 쪽으로 좀 떨어졌지만 일류극장이었다가 이류극장으로, 나중에는 영화보다는 가수들의 쇼극장으로 바뀐 보림극장을 잊을 수 없다. 바로 거기에서 잊을 수 없는 추억 하나가 만들어졌기 때문이다.

보림극장에서 쇼를 연 대표적인 가수들은 원조 오빠부대를 몰고 다닌 남진과 나훈아였다. 남진 쇼가 열리면 그의 팬, 특히 공순이로 통칭되던 누이들이 떼거리로 몰렸고, 나훈아 쇼 역시 마찬가지였다. 둘의 경쟁이 심해지면 질수록 쇼는 자주 열렸다. 나는 이 두 사람의 노래를 다 좋아했지만 김추자를 더 좋아했다.

김추자!

70년대 초, 남자라는 남자는 터질 듯한 몸매를 그대로 드러내는 꽉 조이는 의상과 '탁' '탁' 절도 있게 엉덩이를 튕기는 그녀의 춤에 푹 빠져들었다. 춤뿐인가. 가창력이 무대를 압도하여 남자들은 혼을 빼앗긴 듯이 빨려들었다. 그런데 어른들이라면 몰라도 아직 고추도 채 여물지 않던 중학생들이 왜 가요사상 가장 섹시하다는 그녀에게 빠졌을까?

김추자 쇼를 비롯한 모든 쇼는 돈이 있다고 하여 볼 수 있는 게 아니었다. 우선 입장할 나이가 되어야 했다. 그러나 나이가 통과되어도 학생은 들어갈 수 없었다. 극장 앞에는 기도 보는 사람이 있었지만 합동교외지도부 선생님들의 매서운 눈초리도 있었기에 걸리면 바로 끝이었다. 최소한 유기정학이었으니까. 그래도 노는 애들은 들어갔다. 형과 언니의 옷을 빌려 입고 적당히 화장과 변장을 해서라도 들어갔다. 그런 아이들은 다음날 학교에서 영웅 대접을 받았다.

나는 요즘 식으로 좋게 말하면 범생이고 나쁘게 말하면 겁이 좀 많았던지라 그런 모험을 할 배짱이 못 되었다. 그런 내가 김추자쇼를 보게 된 건 순전히 우리 동네 형 때문이었다. 그 형은 중학교를 중퇴한 뒤 보림극장에 취직하여 물건 파는 일을 하고 있었다. 그 형이 어느 날 나와 아랫집 경찬이더러 "너희들 김추자 쇼 안 보고 싶어?" 하는 게 아닌가?

세상에 김추자 쇼라니! 김추자는 1969년에 〈늦기 전에〉로 데뷔하면서 함께 나온 〈월남에서 돌아온 김상사〉 그 두 곡만으로도 선풍적인 인기를 끌었다. 그 다음해에는 〈님은 먼 곳에〉가 엄청난 바람몰이를 하면서 인기가수의 반열에 들었다. 그 김추자 쇼를 볼 수 있다니!

훨씬 뒤에 안 일이지만 동네 형은 자기 밑에 똘마니 몇몇을 데리고 거기서 장사를 하고 있었는데, 그날따라 걔들이 무슨무슨 일로 빠지는 바람에 물건 팔 아이들이 부족했던 모양이다. 그때 꾀를 냈으리라. 돈 안 들이고 일 시킬 수 있는. 거기에 우리가 걸려들었고.

형의 잔꾀를 몰랐던─알았더라도 흔쾌히 따랐을 테지만─ 우리 둘은 그날 쇼가 진행되기 전에 땅콩, 오징어, 껌, 카스테라 등을 담은 상자를 어깨에 메고 팔러 다니기 시작했다. 다행인 건 예전에 잠깐이나마 아이스크림 장사를 한 경험이 어색함을 씻어줘 제법 팔던 중이었다. 그런데……

저쪽에서 교외지도 나온 선생님들이 눈에 불을 켜고 다니는 게 아닌

가. 나는 쇼를 보러 온 건 아니지만 어쨌든 학생이라면 들어와선 안 될 곳에 들어온 죄로 슬며시 눈치껏 피하려 했다. 그런데 그중 한 선생님과 눈이 마주쳤다. 바로 우리 학교의 배도끼 선생님이었다. 이름보다 '도끼'란 별명으로 더 알려진, 우리 학교에서 가장 무서운 선생님이셨다. 사실이 아니겠지만 안주머니에 작은 손도끼를 넣고 다닌다는 소문이 돌면서 얻게 된 별명의 소유자였다. 그리고 나는 하필 그저께 금요일 수업 시간에 그 선생님에게 걸려 되게 혼이 난 경험이 있었고…….

아마 내가 능청스럽게 모른 척하며 지나쳤더라면 흐릿한 조명에다 그리 유명하지 않은 인물이니 기억하지 못했으련만 제 풀에 놀란 탓으로 선생님의 감시망에 포착되고 말았다. 정말 제대로 걸렸다고 여기는 순간 정학에 처해지기 전에 받을 모진 체벌, 아버지가 학교로 불려오고 그날 밤 엉덩이에 불이 날 엄청난 매, 이젠 선생님들께 영원히 찍혀 졸업하기 전까지 지옥으로 변할 학교생활 등등…….

도끼선생님은 유심히 살펴보다가 내가 누군지 알아차린 듯 "너 이 녀석!" 하다가 내가 든 물품상자를 힐끗 보고는 다시 나를 보더니, 뜻밖에 머리를 쓰다듬는 게 아닌가. "그리 안 봤는데 열심히 사는 모습이 보기 좋다."란 말을 덧붙이며.

그날 나는 지옥과 천국을 오르락내리락 했다. 허나 쫄렸던 지옥의 순간이 고작 몇 초였다면, 그 뒤 김추자 쇼가 끝날 때까지 천국은 길게 이어졌다.

재작년에 극장에 가서 〈님은 먼 곳에〉란 영화를 보았다. 김추자의 주옥같은 노래가 수애란 배우를 통하여 흘러나왔다. 나이 든 이들은 월남전 시절을 회상하게 해주는 내용에 흥미를 느꼈는가 모르겠지만 나는 거기 나오는 김추자의 노래에 빠져들었다. 그 옛날 보림극장 사건을 떠올리면서. 그리고 그날 이후 수애란 어린 여배우의 팬이 되었다.

어린 날의 삽화 1
(머스마가 되기 위한 통과의례)

아직도 여름방학의 후유증이 남아선지 아이들이 수업에 잘 빠져들지 않는다. 특히 오늘처럼 날이 흐릴 때는 무서운 이야기를 해달라며 마구 조른다. 아직 학기 초라 진도를 걱정할 때가 아니고 해서 쾌히 응했다. 더욱이 며칠 동안 무덤의 폐해에 대한 글을 쓰기 위해 공동묘지를 오르내리다 보니 어릴 때의 일이 떠올랐기 때문이다.

어릴 때 살던 마을의 뒷산을 '아리랑동산'이라 불렀다. 거기는 여름날 아이들이 무시로 찾아가는 곳이었다. 밤이나 감은 물론 돌배, 돌복숭아, 으름, 산딸기, 개금, 오디, 추자[32] 등의 열매가 지천으로 나왔다. 또 흐르는 개울 속에 있는 돌을 들추면 가재가 득실득실했다. 삭정이를 긁어모아 잡은 가재를 굽거나 삶으면 그 붉은빛의 오묘함과 기막힌 맛……. 그리고 뀔끼리[33]를 잡아와 밀짚으로 엮은 피라미드형의 집에 놓아두면 계속 그 울음소리를 들을 수 있었으니…….

---

32) 우리 마을에선 호두를 '추자(楸子)'라 했다.
33) 여치라 부르는 이는 없었고 다들 '뀔끼리'라 했다.

아이들은 여름날이면 그곳에서 살다시피 했다. 놀기 좋고 먹을 게 많았으니 거기보다 더 좋은 놀이터가 어디 있으랴. 그런데 딱 한 가지 결점이 있었다. 바로 그곳이 공동묘지였다. 허나 아이들은 두렵지 않았다. 대낮에야 어디 그 나이에 공동묘지가 대수던가. 하지만 밤이면 달랐다. 늑대와 여우 울음소리가 들려오면서 공동묘지는 원래의 공포를 되찾았다. 낮에는 휘영청 늘어진 그린 듯한 소나무가지들조차 달빛에 그림자를 만들어 낼 때는 무시무시한 흉악귀신으로 변하니 말이다.

당연히 밤에는 그곳을 찾아올라가는 일이 없었다. 그렇지만 그곳에 가야 할 때도 있었다. 그 동네 '머스마'들은 여름 한 철 내에 그곳에 한 번씩은 반드시 갔다 와야 했다. '가시나'가 되지 않기 위한 '통과의례'였기 때문이다.

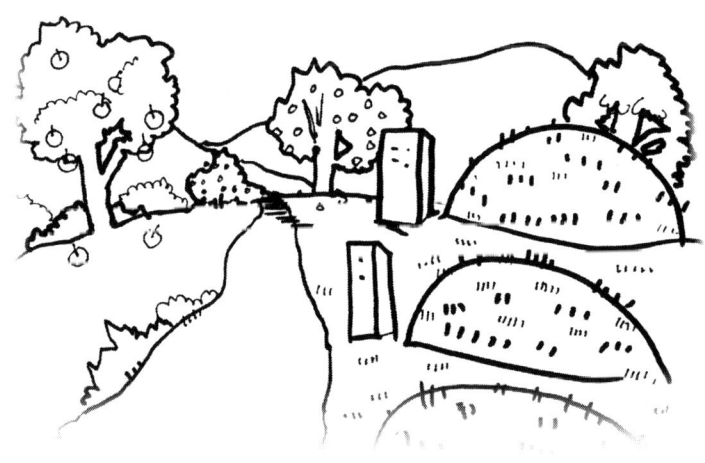

방학 때면 공부를 애써 시키는 부모님도, 애써 하는 아이도 없어서 아침부터 올라간 아이들은 실컷 놀다가 저녁 무렵이면 내려온다. 그러고선 밤이면 다시 마을 한 곳에 모인다. 그 순간 모두 긴장한다. 제비뽑기를 하기 때문이다. 그리고 해당 제비를 뽑은 아이들은 울상이 된다.

동네의 대빵인 골목대장은 낮에 놀 때 자기의 물건, 예를 들면 새총 같은 것을 몰래 어느 무덤 근처에 숨겨놓는다. 바로 그 물건을 제비뽑아 당첨된 아이에게 찾아오게 하는 것이다. 이때는 두 명이 한 조가 된다. 그리고 두 명에겐 그 무시무시한 공동묘지로 올라가야 하는 의무가 주어진다.

발뺌할 수도 없다. 가지 않겠다고 말하는 순간 그는 '가시나[34]'가 되고 동네 아이들에게 왕따가 된다. 요즘 들어 사회적 문젯거리인 '왕따'의 원조가 우리 동네였다고 해야 하나. 그때 우리 또래 사내애들이 가장 듣기 싫어하던 말은 "저 새끼, 가시나다!"였다. 한 번 '가시나'로 찍히면 그 애는 영원히 우리 또래에서 왕따를 당했다. 즉, 우리를 지배하던 골목대장이 '가시나'라고 판정하는 순간, 그는 '머스마'로서의 생활을 끝내야 했다.

그러니 선택된(?) 머스마 둘은 어찌할 수 없이 공동묘지로 향한다. 비록 겁이 나 바지에 오줌을 지릴지언정 가시나가 되지 않기 위해 오른다. 겁이 날 때 두려움을 가시게 해주는 가장 확실한 처방이 바로 노래였다. 당시에 가장 많이 불렀던 노래는 〈진짜 사나이〉였다. 군가로 만들어진 이 노래가 어쩜 그렇게 우리 마을 아이들에게 딱 맞는 노래였던지…….

"사나이로 태어나서 할 일도 많다만……."으로 시작하는 이 노래를

[34) 여기서는 '겁쟁이'를 뜻한다.](#)

올라갈 때부터 내려올 때까지 아마 서른 번도 더 불렀을 게다. 음정 박자 무시하고 오직 악을 써 가며 공동묘지를 향한다. 가끔 나타나는 반딧불이도 이때만은 반갑지 않다. 아니 오히려 더 무섭다. 하필이면 이럴 땐 끊임없이 내지르던 벌레들의 울음소리도 그친다. 어두운 밤, 소리조차 없는 밤, 어디선가 날아온 가는 불빛이 만들어내는 모든 사물의 그림자는 으스스 떨게 만든다.

드디어 목적지에 도달하여 목표물을 손에 넣으면 달음박질이다. 워낙 자주 다닌 길이라 아무리 어둡더라도 길을 못 찾을 리 없다. 그러나 아래로 내달리다 보면 가속도가 붙고 마침내 한 명이 미끄러져 나뒹구는 그 위로 다른 아이가 덮친다. 그러면 잠시 멈출 뿐. 발목 삔 정도는 아무것도 아니다. 오직 달음박질뿐이다. 아마 전국소년체육대회에 산을 오르내리는 경기가 있다면 우리 동네 아이들의 독무대였을 것이다. 비로소 마을에, 처음 출발했던 곳에 이르러서야 안도를 한다. 그러나 그 순간 내려오다가 자빠졌을 때 목표물을 빠뜨리고 오면 모든 게 말짱 도루묵. 다음날 다시 올라가야 한다.

수업을 받는 아이들에게 그때의 감정을 되살려가며 이야기하다가 무덤가에서 만난 처녀귀신 이야기라도 지어내 덧붙이다 보면 저희끼리 "어마!", "으악!" 하는 소리가 연방 터진다. 이렇게 하여 가을이 들어오는 길목에 들려주는 왕따 이야기는 끝난다.

어린 날의 삽화 2
(여우 사냥 이야기)

어릴 때 우리 마을 꼬마들의 모임에 싱겁게 끼어드는 어른이 있었다. 이제 생각하면 우리보다 열 살쯤 많은 형뻘이었지만 그때의 호칭은 아저씨였던 것 같다. 그 아저씨는 여름밤에 통과의례를 마치고 아이들이 집에 가려고 할 즈음 가끔 나타났다.

그러고선 재미있는 이야기와 무서운 이야기를 번갈아가며 해줬다. 몇은 터무니없고 몇은 사실처럼 느껴지는 이야기였다. 그것들 중 여우 사냥 이야기를 잊을 수 없다. 바로 이야기 내용 그대로 실제 행동으로 옮긴 애들 중에 내가 있었기 때문이다.

아직도 생생히 기억하는 '여우 사냥'은 이렇다.

여우란 놈은 언제나 밤에 공동묘지에 나타나는데 아무 멧등35)에나 가지 않고 반드시 새로 생긴 멧등에 가서 그 멧등을 파헤쳐 송장을 뜯어먹는다는 얘기였다. 그래서 그걸 이용하여 여우를 잡는다는 것.

준비는 해질 무렵부터 시작된다. 밤에 가면 여우란 놈이 하도 영리해

---

35) '뫼'의 사투리.

통하지 않으니 해질 무렵을 택한다. 공동묘지에 올라가 새로 생긴 멧등을 찾아 상석36)에 눕는다. 최소한 두 시간을 그리 가만히 누워 있으면 드디어 여우가 나타나는 소리가 들리는데 그때부터는 숨소리도 내지 않아야 한다. 왜냐하면 멧등 앞에 누워 있는 사람이 죽었다는 확신이 들기 전에는 놈은 절대로 다가오지 않기 때문이다.

어느 정도 경계를 하던 놈이 드디어 몸 위를 뛰어넘으며 생사를 확인하는 작업을 한다. 그러나 처음에는 아직 경계심이 남아 하도 번개 같이 뛰어넘기에 형체조차 알아볼 수 없다. 그러다가 두 번, 세 번 횟수가 거듭될수록 놈의 속도가 느려진다.

---

36) 床石 : 무덤 앞에 제물을 차릴 수 있게 놓인 사각형의 돌.
37) '내동댕이친다'의 경상도 사투리.

드디어 놈의 움직임을 확실히 볼 수 있는 단계까지 느려졌다고 여겨지는 순간, 두 손으로 배 위로 뛰어넘는 놈의 뒷발을 잡아서는 힘차게 휘둘러 때기장친다37). 그것으로 모든 것은 끝난다. 이때 절대로 앞발을 잡아서는 안 된다. 앞발을 잡으면 순간적으로 물 수 있기 때문이다. 만약 여우에게 물리면 사람은 살아 있으나 혼을 빼앗기 때문에 넋 나간 사람이 되어 밤마다 몽유병 환자처럼 나다니게 된다.

그 아저씨가 얼마나 이 얘기를 실감나게 했던지 우리는 진짜 여우를 잡을 수 있다고 믿었다. 더욱이 그 아저씨가 던진 미끼가 그럴싸했다. 여우 가죽은 돈이 된다는 것. 그것도 큰돈을 만질 수 있다는 것.

문제는 골목대장이었다. 며칠 뒤 나를 몰래 부르더니 여우 사냥 이야기를 상기시킨 뒤 같이 가자는 거였다. 물론 나는 안 된다고 했다. 그러나 다음 말, "니 그러면 가시나로 만든다." 하는 말에 그만 어쩔 수 없이 따라나서야 했다.

다음날 밤 공동묘지에 올랐다, 부모님에게는 친구 집에 숙제하러 간다고 하고선. 대장과 함께 올라가기 때문인지 훨씬 덜 무서웠다. 며칠 전 같이 임무를 수행했던 또래 경찬이와 함께 〈진짜 사나이〉를 부르며 악을 쓰고 올랐을 때보다 훨씬 덜 무서웠다. 아니 이번엔 〈진짜 사나이〉를 부르지 않았는데도 무섭지 않았다.

마침내 공동묘지에 도착했다. 그런데 운 나쁘게도(?) 새로 생긴 무덤이 있었다. 대장이 먼저 오른쪽에 눕더니 왼쪽에 나를 눕게 했다. 무덤 앞 상석 위에 두 명의 꼬마가 나란히 누웠다. 무서웠지만 무섭지 않았다. 대장이 있기에. 특히 대장이 여우가 내 위가 아닌 자기 몸 위로 오게 할 비책이 있다고 했기에. 그러다가 갑자기 혹 여우가 대장이 아닌 내 몸 위로 먼저 오면 어떡하나 하는 생각이 들자 갑자기 무섬증이 일었다. 옆으로 보며 대장에게 뭔가 말하려 할 때 그의 몸이 긴장되며 조용히 하라는 뜻으로 손가락 하나를 입술에 곧추 세우는 게 아닌가.

나는 끽 소리도 못하고 자세를 바로 했다. 불알이 오그라들었다. 대장이 뭔가 나타나는 낌새를 알아차렸다고 생각했다. 그 놈이 내게로 온다면……. 내 몸은 안정된 자세로 누워 있었지만 잔떨림은 그칠 줄 몰랐다. 그때였다. 갑자기 대장이 비명을 지르며 일어났다. 나도 오줌을 지리며 일어남과 동시에 피할 방향을 찾으려 재빨리 둘러봤다. 그런데 대장이 나를 향해 달려오는 게 아닌가. 그 바람에 밀려 둘은 함께 나동그라졌다.

"뭐…… 뭐…… 뭐야?"

나의 떨리는 소리에 대장도 떨리는 소리로 답했다.

"배…… 배…… 뱀."

나중에 알고 봤더니 대장이 누워 있던 자리에 그렇게 기다리던(?) 여우는 오지 않고 뱀이 스물스물 바지 위로 건너 왔던가 보다. 뭔가 낌새를 느껴 잔뜩 긴장해 있는데 뱀이 자기 바지 위를 건너 기어왔으니…….

이제 생각해보니 그 뱀은 혹 그 무덤을 지키는 능구렁이[38]가 아니었을까? 이렇게 하여 가을이 들어오는 길목에 들려주는 여우 사냥 이야기도 끝이 난다.

---

38) 무덤이나 오래된 집을 지키는 뱀을 '지키미'라 한다.

방귀 이야기

　오늘 5교시 수업시간은 평소와는 달리 조용한 분위기 속에서 진행되었다. 쫑알대기로는 종달새보다 더한 아이들도 어제의 체육대회 후유증을 피해갈 수는 없었으리라.
　중학교 2학년, 특히 남녀공학인 학교에서는 어느 학년보다 활발할 때라 언제나 재래시장처럼 요란하다. 나는 너무 시끄러운 것을 싫어하지만 너무 조용한 것도 활기가 떨어지는 것 같아 적당한 소음을 사랑한다. 질문하면 엉터리든 정답이든 대답이 있어야 한다는, 즉 메아리가 있어야 한다는 게 평소의 지론이다.
　아이들만 피로한 게 아니라 가르치는 나도 피로한데다 분위기가 가라앉아 슬슬 졸음에 겨워질 무렵, 갑자기 어디선가 '뽀오옹' 하는 아주 감미로운(?) 소리가 났다. 분명히 그 소리는 나지막했지만 위낙 조용한 분위기라 아이들 모두 들을 수 있어 언제 졸았느냐는 듯이 고개를 번쩍 들어 소리의 진원지를 찾다가 한 곳을 쳐다보고는 큰 소리로 웃음을 터뜨렸다. 그러자 진원지로 여겨지는 한 구석에 앉은 여학생의 얼굴이 새빨개졌다. 그것을 보자 아이들의 웃음소리는 더욱더 커져갔고 어떤 녀석들은 궁둥이를 들며 책상을 치고 난리도 그런 난리가 없었다.
　아마 다른 녀석, 특히 평소에 튀는 녀석이 지목되었다면 "내가 안 뀌었어."라며 핏대를 올리며 변명하려 들든지 그렇잖으면 적당히 웃다가 그칠 수 있었으련만, 불행하게도 범인으로 지목된 소녀는 곱상하게 생긴데다가 평소에 얌전하고 수줍음이 많아 그 소리와는 전혀 어울리지 않는 아이인지라 나도 졸음이 날아가면서 슬며시 웃음이 나왔다.

아이들의 웃음이 잦아들 무렵 가라앉은 분위기를 띄우기 위해 한마디 덧붙였다.

"희선이는 얼굴도 예쁘지만 소리조차 아름답구나."

아이들은 다시 한 번 자지러졌고, 희선이는 그만 책상에 엎드리고 말았다.

내가 초등학교 다닐 때, 교실에서는 방귀소리가 끊일 새가 없었다. 그래서 웬만한 소리 정도는 웃음거리도 되지 않았다. 소리 대신 냄새가 주화제가 되었다.

아…… 그 냄새, 지금도 떠올릴 때면 코끝에 스며드는 그 냄새를 40년이 넘은 지금도 잊지 못한다. 하도 많은 종류의 냄새를 맡다보니 뭘 먹고 뀐 방귀인지 가려낼 정도였다고 할까. 그러나 그중에서도 우리들이 공포의 냄새라 이름 붙인 '무시방구'를 들먹이지 않을 수 없다.

'무'를 경상도 사투리로 '무시'라 하는 건 제법 나이 든 사람이 아니더라도 알겠지만 그때는 볼품없이 오동통한 '무나리'를 '무시다리'라 한다든지 하여 노상 쓰는 말이었고, 형편없이 야구 배트를 휘두르는 타자를 '무시빳다'라 하며, 지금도 경상도 시골 노인네들은 '무'라는 말보다 '무시'라는 말을 쓰고 있다.

당시엔 어지간히 사는 집 외에는 다들 '무시밥'을 늘 해먹었다. 글자 그대로다. 밥을 할 때 쌀에 보리를 섞어 하면 '보리밥'이 되듯이, 보리 대신 '무시'를 넣어 만든 밥이 바로 '무시밥'이다. 먹어본 경험이 없는 사람들을 위해 설명을 덧붙이자면 바로 우리 어머니들의 가정경제를 고려한 비법(?)이었다고나 할까. 밥 한 그릇에 김치와 물을 적당히 부어 만들면 두세 그릇의 김치국밥이 만들어지듯이 '무시'를 많이 넣으면 그만큼 쌀을 줄여도 되니 참말로 멋진 비책이었으리라.

그런데 '무시밥'의 결점은 소화가 너무 잘된다는 데 있다. 그걸 먹고 난 뒤 얼마 안 지나면 방귀가 나온다. '무시방구'는 소리가 나지 않는 대신 냄새가 교실 전체에 퍼지는 데 5초도 채 걸리지 않기에 범인을 색출해 낼 수도 없다. '무시방구'의 무서움은 소리도 범인도 아닌 바로 그 냄새에 있다. 그 지독한, 순식간에 코는 물론 머리조차 '띵' 하게 만드는 독가스의 위력을 견딜 사람은 아무도 없다. 오죽 했으면 내가 공고 화학과에 다닐 때 나중에 귀찮은 사람들 퇴치용 무기—요즘 같으면 가스총 같은 것—를 그걸로 만들면 성공하겠다고 했을까.

방귀 소리조차 귀엽게 느껴지는 시대를 살고 있는 오늘, 문득 그 옛날 밥을 지을 때 '무시'를 넣어야만 했던 우리의 어머니들을 생각해본다. 당신들조차 그것의 고약한 냄새를 몰랐을 리 만무하다. 쌀이 귀해서 쌀을 아끼려고 별별 꾀를 다 내야 했던 그분들의 안쓰러운 마음은 현대사회에선 머나먼 신석기시대의 일로나 여겨질 것이다.

내년[39]부터 쌀 수입이 전면 개방된다는 소식에 농촌에선 죽는다는 소리가 난다. 그러잖아도 죽도록 고생만 하고 남는 게 없는데 쌀마저 외국에서 들어오면 우린 어찌 사냐고 민초들은 아우성이지만 정부는 끄떡도 하지 않는다. 쌀이 부족해서 수입한다면 그걸 이해하지 못할 국민

---

39) 2002년.

이 뉘 있으련만 미국의 '대세계화 전략'의 하나로 이어지는 일임을 모르는 이 있을까.

　수입된 쌀이라도 좀 더 헐한 값으로 사먹을 수 있다면 그 또한 다행이 아니냐는 도시인이 행여 있을까 두렵다. 알아야 할 것을 모르고 지나가는 것 자체가 죄임을 알아야 한다. 우선 배부르다고 영원히 배부른 것이 아닐진대 '나는 농촌과 아무 관계없다.'고 여기는 이들이 너무 안이하게 생각하는 것 같아 서글프다.

　올 겨울엔 앞으로 결코 먹지 않겠다던 김치국밥을 먹어볼 것이고, 아내더러 '무시밥'을 한번 해달라고 해야겠다. 혹시 주변에 고약한 냄새가 나거든 그 주인공이 나인 줄 알더라도 참아주기를…….

대모(代母)의 풍습

내가 사는 '달내마을' 이름의 유래를 글로 옮기기 위해 마을 네거리에 세워진 표석을 찾았다. 거기에는 현재 공식지명인 월천(月川), 즉 냇물[川]이 흘러갈 때 달그림자[月] 또한 함께 흘러가기에 그리 이름 붙였다는 내용과 이 월천을 한글로 풀이하면 달 '月', 내 '川'이기에 '달내마을'이라고도 한다는 내용이 상세히 설명돼 있었다.

다 읽고 일어서려다 표석 뒤에도 글이 씌어 있기에 뭔가 하여 읽어보았더니 이 마을 진입로 공사를 위해 애쓴 이의 이름들이 적혀 있었다. 필요한 내용이 아니라 그냥 돌아서려는데 한 이름이 눈에 확 들어왔다.

'전판길'

평범한 이름이었지만 내게는 결코 평범한 이름이 아니었다. 바로 내 이름과 같이 '판(判)' 자가 들어가 있어서였다. 이 '판' 자로 하여 우리나라에 대모(代母) 풍습이 있었음을 알게 되었기 때문이다.

혹 대모란 말을 대리모(代理母)의 준말로, 또는 가톨릭에서 영세 받을 때 여자 신자인 경우 신앙의 증인으로 세우는 종교상의 여자 후견인을 가리키는 말로 오해할지 모르겠다. 아니면 언론에서 많이 사용하는 '한국 연극계의 대모 백성희', '미국 여성운동의 대모 베티 프리단', '홍콩 연예계의 대모 매염방', 그리고 국무총리로 인준받기 전 '부드러운 카리스마를 가진 여성계의 대모 한명숙' 등으로 오해할지도.

그러나 40여 년 전만 해도 그런 뜻으로서의 대모가 아니라 어머니를 대신한 존재로서의 대모가 있었다. 그것도 우리의 전통 신앙인 무속신앙에서. 쉽게 말하면 무당이 갓 태어난 아이들의 대모가 되는 경우가 바로 그것이다.

대학 2학년 때 민속학 수업 첫 시간에 교수님께서 학생들의 이름을 부르던 중 내 이름을 부른 뒤, "어, 너 팔린 애구나." 했을 그때만 해도 솔직히 그 의미를 몰랐다. 다만 '팔린 애'란 말이 기분 나빴을 뿐.

그러다 졸업 후 처음 근무하던 학교에서 나처럼 '판' 자가 들어간 선생님을 만났다. 회식 자리에서 그 선생님이 내게 가까이 오더니 혼자만 들리게끔 조용한 목소리로 "선생님도 팔리셨지요?" 하는 게 아닌가. 그분도 자세히는 모른다면서 다만 내 이름 자에 '판' 자가 들어가서 그렇게 생각했다는 거였다. 그날 밤 어머니에게 물어보았다, 내가 진짜 팔렸는가를. 그리고 알게 되었다. 왜 '판' 자가 붙어야 했으며, 왜 팔렸는가를.

내 위로는 누나가 셋이다. 헌데 막내누나는 나보다 열한 살이나 많다. 처음에는 나도 궁금했다. 왜 그리 나이 차이가 나는지를. 그러나 실은 막내누나 아래로 형 셋과 누나 한 명이 더 태어났다고 한다. 허지만 태어나면 죽고 태어나면 죽고…….

내가 태어났을 때도 얼마 살지 못하고 죽는 줄 알았단다. 그런데 삼칠을 지나면서 가능성(?)을 발견한 부모님은 지푸라기라도 잡는 심정으로 어디에든 매달리고 싶었으리라. 특별히 믿는 종교가 없는 부모님으로선 당시에 가장 쉽게 의지하고 싶었던 사람이 무당이었을 테고, 그 무당에게 나를 팔았던 것이다. 이때 팔았다는 의미는 진짜로 팔았다는 뜻이 아니라 무당을 어머니로 정하면 그녀가 믿는 신께 빌 때 자신의 양아들의 명까지 함께 빌어준다는 뜻.

예전에 손(孫)이 귀한 집안에 자식이 태어나면 명(命)을 길게 하려고 아이에게 '개똥'이나 '똥개' 등의 험한 이름을 붙였다는 정도의 상식은 모두 알고 있을 게다. 그건 그만큼 똥개가 아무거나 잘 먹고 탈 없이 잘 자라기에 그런 식의 작명이 필요했으리라. 마찬가지로 자식의 명이 짧은 집안에선 명을 길게 하기 위한 한 방법으로 무당에게 자식을 판 것이다. 즉, 무당을 대모로 정한 것. 그래서 '판 아이'란 뜻에서 '판' 자가 들어갔다. 물론 한자로서야 판단할 '判' 자이지만. 한자 생성 유형으로 말하면 가차(假借)에 해당된다고나 할까.

어릴 때 막내누나는 가끔씩 우리 집 앞을 지나치던 한 할머니를 볼 때마다 나더러 "조오기 니 엄마 간다. 인사 안 하나?" 하고 놀릴 때 얼마나 화가 나던지. 진짜 피붙이가 아니라 원수처럼 여겨졌다. 그 할머니는 구부정한 허리에 얼굴과 손등, 발등에는 저승꽃이 만발한데다 늙고 병들어 금방이라도 고름이 쏟아져 내릴 것 같은 너무나 보기 흉한 인상이었기에. 실제로도 누런 콧물이 줄줄 흘러내리고, 좀 과장하면 옥수수만한 눈곱은 왜 그리 보기 싫든지. 그렇게 보기 싫은 할머니를 '네 엄마'라고 했으니 화가 나지 않을 수 있으랴.

다 큰 뒤에 누나에게 "진짜 그때는 누나가 얼마나 미웠는지 모른다."고 슬며시 말하자, 누나는 깜짝 놀랐다. 동생의 가슴에 그게 그렇게 한(?)으로 남았는지 몰랐기에. 그날 누나에게 물었다. "혹 그때 그 할머니가 바로 나를 아들로 삼은 무당이 아니었느냐고?" 누나는 그 당시의 일을 떠올리는 듯 잠시 뜸을 들이다가 무당할머니가 그때쯤엔 정신이 온전하지 앓아 일도 못하고 거지처럼 살아갈 때였다고 했다.

    이제는 무당할매도 아버지도 울 엄마도 다 돌아가시고 안 계신다. 별로 부르기 좋지 않은 '판' 자를 붙여주셨던 그분들 말이다. 그러나 이렇게 생각하련다. 내 위로 네 명이 죽고 난 뒤 어렵게 얻은 아들의 명을 길게 하려고 부모님은 무당에게 팔았고, 그 덕에 나는 이렇게 지금까지 건강하게 잘 살고 있노라고.

제3부

그때를 떠올리면 와 이리 가슴이 아프노

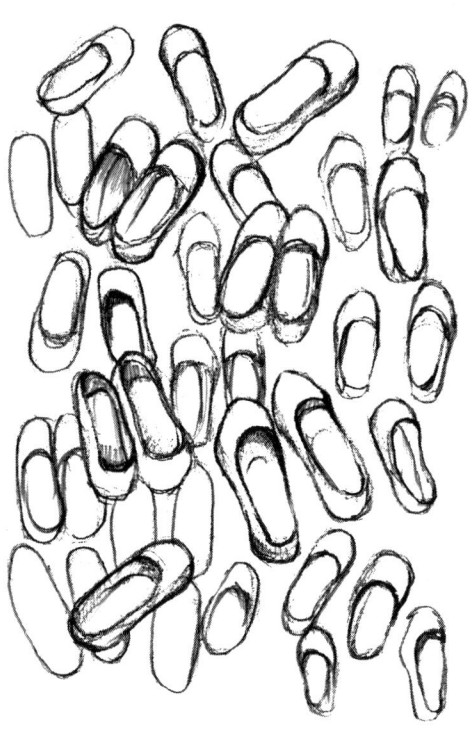

하야리아부대(1)
동요 아닌 욕노래

　미군부대 근처에 사는 아이들은 동요를 배우기 전에 '19금(禁)' 노래부터 배운다.
　내가 살던 곳 가까이에 하야리아부대가 있었다. 원래 이 부대는 광복 직후에 들어선 주한미군의 부산기지사령부였는데, 거기 초대사령관이 자신의 고향 마을 이름을 따 '하야리아부대'로 부른 게 계속 이어졌다고 한다. 나는 거기서 다른 지방 아이들이,
　"산토끼 토끼야 어디를 가느냐 / 깡충깡충 뛰면서 어디를 가느냐……"라는 건전하고 발랄한 노래를 배울 때,
　"양김보 똥길보 어디로 가느냐 / 깡충깡충 뛰어서 할로[40]한테 갈 테야"
　라는 노래를 부르며 놀았다.
　그 노래를 다 익히고 나면 다음 노래로,
　"…… 뻐꾹 뻐꾹 뻐꾸기의 노래가 / 뻐꾹 뻐꾹 은은하게 울리네……."
　하며 이어지는 우아하고 서정어린 〈뻐꾸기왈츠〉를, 작곡가 요나손이

---

[40] 거기서는 미군을 그렇게 불렀다. 아마 'Hallow'라는 영어 발음을 편하게 부르다 보니 붙여진 명칭이리라.

아마 가사의 뜻을 알았더라면 기절초풍했을 내용으로 바꿔 불렀다.

"할로 할로 ㅈ몽디가 성하나 / 할로 할로 ㅈ몽디가 성하나……."

하고.

노래의 어원은 '놀다'의 어근인 '놀'에다가 접사 '애'가 붙어 만들어진 말이다. 즉, 노래는 놀이 문화의 하나인 셈이다. 따라서 아이들의 노래는 아이들의 놀이문화다. 그런데 왜 나는, 우리 동네 아이들은 이렇게 담긴 뜻도 모르면서 몹쓸 노래를 부르며 놀아야 했을까?

하야리아부대 정문과 후문 쪽에 즐비하게 늘어선 여자들을 고용한 술집—그때는 그런 술집을 '빠'라 불렀다—과 외출하는 날이면 여기가 한국인가 미국인가 의심스러울 정도로 쫙 깔리는 '할로'들, 또 거리엔 입술을 빨갛게 칠하고 팬티가 보일 정도로 짧은 미니스커트를 입고 다니는 헤아릴 수 없이 많은 양갈보들. 할로가 있고 양갈보가 있으니 그런 노래가 나올 수밖에 없는 환경이었으리라. 바로 내가 살고 있는 터전에서 보고 듣고 배우는 게 그것밖에 없으니 맹모의 삼천지교를 들먹이지 않더라도 거기 아이들은 아이들에게 맞는 아이다운 노래를 부르지 못했다.

　연지동(蓮池洞)은 이름 그대로 연지초등학교가 지어지기 전의 그 터에 '연꽃이 빽빽이 들어 찬 못'이 있어 붙여진 이름이다. 거기는 봄날, 연잎에 물을 떨어뜨리면 물방울이 수은처럼 도르르 말리면서 보드라운 옥구슬을 만들어내는 곳이었다. 여름엔 연분홍의 예쁜 꽃을 보며 절로 "아, 직인다!"란 탄성을 터뜨리고, 비라도 올라치면 그 잎으로 우산 대신 머리 위에 쓰며 잰걸음을 옮기기도 했다. 또 가을이면 연잎자루에 볼록 솟아난 고소한 연밥을 따먹는 재미와 못 속에 발을 넣어 비비다가 까칠까칠한 감촉이 오면 고개 숙여 건져낸 말밤을 삶아먹는 재미도 쏠쏠했다. 겨울도 다른 계절 못지않았다. 아이들은 너도나도 썰매를 갖고 연지에 모여든다. 그곳은 썰매를 타기에는 더없이 좋은 곳이었다. 조그만 도랑에서 썰매 타던 재미를 넓은 못에서 타는 재미에 비길 수 있을까? 더욱이 겨울이 끝날 즈음, 얼음이 약간 녹을 무렵의 고무얼음일 때면 재미는 절정에 다다른다. 얼음이 흔들리며 뿌직뿌직 소리를 내면 아이들은 위험보다 너울너울 흔들리며 춤추는 듯한 그 맛을 더욱 즐긴다. 위험하기에 재미있다는 역설을 당시의 아이들은 이미 깨달았던 것이다.

자연스럽게 자연을 벗하며 자연 속에서 놀면서 자연을 배우던 아이들이기에 다른 곳 아이들보다 반지빠르지도 못했고, 어리석을 정도로 착했다. 약한 애를 건드리지도, 못사는 애를 깔보지도, 다 떨어진 옷을 입어도 흉보지 않았다. 그런데 왜 그런 노래를 불러야 했을까?

아무리 똘똘한 아이들이라도 노래의 가사를 바꿔 만들 수는 없었을 게다. 가사 내용을 보면 아이들이 쉬 이해할 수 없는 부분이 많으니까. 누군가 뒤에서 의도적으로 조종한 이가 있다면 짓궂은 어른들이었으리라. 그렇게 조종한 어른들의 장난은 농도를 한층 더 짙게 만든다. 양갈보든 아니든 생쥐 입술처럼 빨갛게 칠하고 짧은 치마만 입은 여자만 지나가면 아이들은,

"솥 때우소 냄비 때우소 / 지나가는 양갈보 ㅂㅈ 때우소……."

한다. 난지 쌃은 치마에 입술연지 신하게 발랐다고 이런 욕노래를 듣게 된 것이다.

이걸로 끝이 아니다. 할로들의 이름 중에 우리나라 철수처럼 가장 흔한 이름인 조지란 이름을 갖고도 희롱한다.

"조오지는 ㅈ이 길어서 조오지라 하지요 / 조오지는 ㅈ이 길어서 조오지라 하지요……."

"자주 꽃 핀 건 자주 감자, 파 보나 마나 자주 감자 / 하얀 꽃 핀 건 하얀 감자, 파 보나 마나 하얀 감자"[41]

이렇게 아름다운 노래를 배우지도 부르지도 못하고 아이들은 할로, 양갈보, 아니면 남녀의 성기를 직접 들먹이는 노래를 불렀다. 아니 노래로 끝나지 않고 놀이를 하면서도 불렀다. 비석치기 할 때 상대방의 실수를 유도하려고 불렀고, 다방구나 깡통 차기를 할 때는 술래를 놀려 혼란스럽게 만들려고 불렀다.

언젠가 밤들도록 놀며 다니다가 술을 마시고 아침에 늦게 일어났을 때 아내가 나더러, "당신 어젯밤에 불렀던 노래가 뭐예요?" 하는 게 아닌가. 기억이 잘 안 나 "내가 무슨 노래를 불렀지?" 하자, "노래인지 욕인지 모를 희한한 노래를 다 부르던데……." 하며 아주 어처구니없다는 표정이 아닌가. 한 번 불러보라고 하자 자기 입에 올리기엔 상스러운 노래였다는데 대충 짐작해보니 아무래도 어릴 때 불렀던 노래인 것 같다.

동요를 잃어버린 세대는 어린 시절의 소중한 추억을 잃어버린 거나 마찬가지다. 아무리 잊으려 해도 어릴 때의 체험은 무의식중에 드러난다. 동요 대신 욕노래를 불러야 했던 안타까움은 지난 세대의 이야기로 끝나야 한다. 다시는 그런 노래를 불러야 할 시기가 와선 절대로 안 된다. "아름다운 노래, 정든 그 노래가 우리 마을에 메아리쳐……." 오는 날만 이어지기를 두 손 모아 빈다.

---

41) 권태응 님의 동시 '감자꽃'에 곡을 붙인 노래.

하야리아부대(2)
짬빵, 그 니글니글함의 절정

어릴 때는 먹어도 먹어도 배가 고팠다. 먹고 돌아서면 다시 배가 고파 먹을 게 없나 이리저리 두리번거리다 먹을 게 눈에 띄면 아버지, 엄마의 엄포를 그냥 한 귀로 흘리며 입에 넣었다. 그러다 고구마나 감자처럼 굽거나 삶기만 하면 되는 먹을거리를 찾았을 때는 더없는 횡재였으나 제대로 된 먹을거리가 보이지 않을 땐 찾아다녀야 했다. 찾다가 찾다가 적당한 게 없을 때 마지막 사냥감은 삶은 보리쌀이었다.

보리밥을 지으려면 지금은 적은 양의 보리를 쌀과 함께 섞어 바로 지으면 되지만, 예전의 보리밥은 보리가 쌀보다 대여섯 배나 많아 같이 지으면 보리는 덜 익었는데 쌀은 다 익어 먹을 수 없기에 보리쌀을 먼저 삶아 소쿠리에 남아놓는다. 그런 뒤 밥을 할 때 한 번 삶은 보리쌀과 쌀을 섞어 짓는데 바로 이 한 번 삶긴 보리쌀이 아이들의 배고픔을 덜어주는 요긴한 먹을거리였다.

한 번 삶긴 보리쌀은 삶았다 해도 그냥 목구멍에 잘 넘어가지 않는다. 여러 번 씹고 씹어야 겨우 넘길 수 있다. 이걸 다른 곳에서는 어떻게 먹었는지 몰라도 미군부대 주변에서는 아주 특별하게 먹는 방법이 있었다. 바로 버터42)를 넣어 비벼먹는 게 그 비법이었다. 불에 살짝 녹인 버터와 고추장을 적당히 버무려 비빈 보리비빔밥은 간식뿐 아니라 훌륭한 한 끼 식사가 되었으니, 집집마다 큼직한 삶은 보리쌀 소쿠리는 살강43)에 늘 얹혀 있었다.

미군부대 주변 아이들의 다음 간식거리는 우유였다. 50년 전쯤이라면 다른 지역에서는 구입하기 어려웠을지 모르나 거기에서는 얼마든지 얻을 수 있었는데, 다만 우유는 알다시피 보관이 어렵다. 지금처럼 냉장고가 있는 것도 아니니 쉬 상할 게 뻔한지라 사람들은 꾀를 냈다. 우유를 찌는 방법을 고안한 것이다.

우유를 쪄서 건조시키면 딱딱해진다. 어느 정도냐 하면 돌덩이나 다름없다. 이 딱딱한 우유덩이를 심심할 때면 꺼내 빨아먹는다. 입안에서 살살 녹여가며 먹는 맛은 우유의 고소한 맛과 찔 때 넣은 사카린의 단맛이 더하여 간식거리로서 으뜸이었다

허나 뭐니 뭐니 해도 미군부대 주변의 아이들은 물론 어른들의 가장 큰 먹을거리는 '짬빵44)' 이었다. 짬빵이란 말은 먹다 남긴 음식을 뜻하는 한자어 '잔반(殘飯)'의 일본식 발음인데, 군 경험이 있는 이들은 이 말보다는 '짬밥'에 더 익숙할 게다.

미군부대 근처 아이들은 학교를 마치고 집에 오면 지금처럼 보습학원

---

42) 사실 당시에는 '버터'란 말 대신 일본식 발음인 '빠다'를 사용했다.
43) 부엌의 부뚜막 및 조리대 위의 벽 중턱에 가로로 기다랗게 드리운 선반.
44) 짬빵을 대체할 '대궁'이란 좋은 우리말이 있지만, 당시의 모습을 생생히 전하려고 이 낱말을 계속 사용한다.

도, 피아노 교습소도, 태권도 도장 같은 게 없었으니 어디 특별히 다닐 필요가 없었다. 대신에 반드시 해야 할 일이 하나 있었다. 바로 정거장에 가서 한 동이에 오십 환씩 하는 짬빵을 사오는 일이었다. 짬빵이란 정거장45)에서 파는 음식을 말하는데, 아무것도 모르고 먹으면 그런 대로 먹을 만했다. 아니 먹을 만한 게 아니라 삼시 세 때 밥을 먹을 수 없는 사람들에겐 값싸고도 맛있는 음식이었다.

　아이들은 학교를 마치자마자 엄마에게서 받은 돈과 양동이를 들고 짬빵을 사기 위해 부리나케 정거장으로 달린다. 아무리 빨리 달려가도 이미 줄은 몇 백 미터나 늘어서 있다. 해도 아이들에게 기다리는 시간이 전혀 지겹지 않았다. 둘러보면 다 같은 학교 동급생 아니면 선후배다. 양동이만 줄을 세운 상태에서 아이들은 놀이를 한다. 수십 수백 개의 양동이라도 당번으로 지정된 애 한두 명만 차례대로 옮기면 되니 나머지 아이들은 자유롭다.

---

45) 여기서 '정거장'이란 승객이 타고 내리거나 화물을 싣거나 내리는 곳을 가리키는 말이 아니라 당시 초읍동에 있었던 쓰레기 하치장을 가리킨다.

이렇게 정거장에 가 오랫동안 놀며 기다리다 사온 짬빵은 시골에서 감자떡을 만들려고 감자를 단지에 담가 썩어갈 즈음의 누리끼리한 빛깔과 같았는데, 그 속엔 별의별 게 다 들어 있다. 감자덩이, 고깃덩이, 빵조각이 뒤섞여 있고, 간혹 먹기 곤란한 것들도 들어 있어 반드시 먼저 골라내는 작업을 거쳐야 한다.

골라내는 작업 도구는 국자 하나면 된다. 국자로 휘휘 저으면 내용물이 올라와 그 정체를 드러내는데, 먹어도 되는 것은 놔두고 먹지 못할 것은 버린다. 주로 깡통과 껌종이, 할로들이 피우는 담배 중 유난히 길고 뭉툭하여 ㅈ담배라고 부르는 여송연이 들어 있다. 헌데 가끔 최악의 쓰레기가 나올 때가 있었으니 바로 희끄무레한 빛깔의 긴 골무처럼 생긴 고무주머니였다.

어른들은 기겁을 하지만 물색 모르는 아이들에겐 특별한 놀잇감이었다. 어른들 몰래 빼낸 고무주머니를 누군가 갖고 오면 다른 아이는 제 아버지의 긴 담뱃대를 들고 온다. 담뱃대 끝에 그것을 끼워 불면 기다란 모양의 불통46)이 된다. 명절 아니면 불통을 살 용돈을 얻지 못한 아이들에게 기괴한 모양의 이 불통은 아주 귀한 놀이기구였다. 그러나 어른들의 눈에 띄는 날이면 담뱃대로 머리를 얻어맞아 혹이 날 정도로 되게 혼이 났다.

커서 들은 얘기지만 짬빵이란 본래 할로들이 먹다가 남긴 음식찌꺼기를 몽땅 쓸어다가 돼지먹이47)로 보내지던 걸 돈 계산이 빠른 사람들이

---

46) '풍선'을 당시 거기 사람들은 다들 '불통'이라 불렀다.
47) 그래서 '짬빵'을 나중에는 '꿀꿀이죽'이라고 했다.

빼돌려 먹을거리로 팔았다는 거였다. 그러니 깡통이랑 껌종이, 담배꽁초 같은 거야 당연히 나올 만하였으나 그게 거기서 나오다니?

　70년대 대학 다닐 때 유행한 할로소설48)들을 읽으면서 그것의 쓰임을 처음 알게 되었을 때 나는 그날부터 사흘간 음식을 넘길 수 없었다. 먹으면 토하고 먹으면 토하고……. 지금도 생각하면 배 속이 니글니글한다. 어떻게 그게 식탁에 있었으며, 어떻게 버려지는 음식에 섞였을까? 그리고 왜 우리는 그때 그게 든 음식을 먹어야만 했을까?

　술을 마실 줄 알다보니 술집에 들를 때가 잦은데, 주로 얼큰한 국물 요리를 반찬삼아 안주삼아 먹는다. 매운탕을 좋아하고, 중화요릿집에 가면 짬뽕국물을 시켜 먹을 정도로 얼큰한 국물 안주를 찾는다. 그러나 국물 안주라도 절대로 안 먹는 게 있다. 남들은 맛있게 먹는 부대찌개가 바로 그것이다.

　누가 나에게 부대찌개를 아직도 먹지 못하게 했을까?

---

48) 미군부대 주변 사람들의 이야기, 즉 미군, 양공주, 혼혈아 등을 글감으로 한 소설들을 가리키는 명칭이 딱히 없어 이렇게 붙였다. 어떤 이는 '양키소설'이라고도 한다.

하야리아부대(3)
아이노꾸, 아픔과 그리움

　어릴 때 다들 구슬치기를 해봤을 게다. 놓여 있는 상대방 구슬을 맞히기 위해 가운뎃손가락 위에 구슬을 얹어놓고 엄지손가락으로 살짝 누른 뒤 힘껏 가운뎃손가락을 튕겨 구슬을 맞히면 따는 놀이 말이다. 놀이의 종류가 다양하지만 가장 많이 했던 게 아마도 삼각구[49]였던 것 같다. 삼각형 속에 아이들 숫자만큼 구슬을 놓고 맞춰 튀어나오면 맞춘 이의 것이 되는 놀이.
　이 삼각구에 사용된 구슬은 모두 유리구슬이다. 유리다보니 몇 번 맞추고 튕기다 보면 깨진다. 깨지면 놀이에 쓸 수 없다. 그러니 잘 깨지지 않는 구슬이라야 아이들이 좋아힌다. 허나 깨지지 않는 구슬보다 더 아이들에게 인기 많은 구슬이 있었으니 바로 아이노꾸였다.
　일본말로 '아이노꾸'라 불리는 이 구슬은 가운데에 그 특징이 있다. 팔랑개비 모양의 무늬 네 개가 들어 있는데 네 면의 빛깔이 다 다르다. 그래서 구슬이 굴러가면 다른 구슬보다 훨씬 예쁜 빛깔을 만들어 낸다.

---

[49] '세모치기'의 경상도 사투리.

섞이고 부서지는 빛으로 하여 무지개처럼 다양하게 만들어 내는 특징 때문에 아이노꾸는 다른 구슬보다 더 비싸게 팔렸다.

하야리아부대 주변에는 이런 구슬처럼 아이노꾸라 불리는 아이들이 많았다. 지금은 혼혈아로 불리지만 그때는 너도나도 이름 대신 아이노꾸라 불렸다. 이들을 떠올릴 때마다 두 소녀에 대한 아픔과 그리움으로 먼저 가슴이 아리다.

아이노꾸들의 엄마는 한국인이고, 아빠는 미군이었다. 엄마들이 누구인지는 굳이 들먹이지 않겠다. 아이노꾸들 중에는 걔들 엄마가 할로들과 정식으로 결혼하여 부대 안에 살도록 허락받은 운 좋은 애들도 있었지만, 대부분 뜻하지 않게 생겨난 아이들이라 그런지 천덕꾸러기 신세를 면하지 못하였다.

그 아이들도 여덟 살이면 학교에 가는데 내가 다니던 초등학교로 몰렸다. 걔들이 그 학교에 얼마나 많았는지는 기억에 없다. 다만 한 가지 분명히 떠오르는 건 1, 2학년 때의 내 짝지 모두가 바로 걔들이었다. 1학년 때는 피부가 까무잡잡하고 눈이 동그란 귀여운 소녀였고, 2학년 때는 손목이 유난히 흰 대신 노란 머리카락이 인상적이던 소녀였다.

흑인 혼혈소녀는 참 착했다. 내가 돈이 드는 수업 준비물을 챙겨가지 못했을 때는 걔가 내 몫까지 가져오거나 아니면 빌려주어 곤란함을 면하게 해주었다. 그뿐 아니라 다른 이들과 말할 때는 늘 웃는 얼굴이었다. 걔에 대한 나쁜 기억은 하나 없고 좋은 기억만 남아 있음을 볼 때 굉장히 착한 소녀였던 게 분명하다.

그러나 백인 혼혈소녀는 달랐다. 지금은 그렇지 않지만 청소년기까지 걔를 떠올릴 때면 불쾌함부터 치밀어 올랐다. 걔는 똑똑했다. 즉, 공부를 잘했다. 그것을 무기로 선생님의 그늘 아래 들어 만만한 아이들을 괴롭혔다. 그 괴롭힘의 주된 대상이 바로 나였다. 다른 애들도 당했지만 유독 나에게는 더욱 심했다.

한 번은 이런 일이 있었다. 당시 유행이던, 자신의 몸이나 물건이 상대방의 책상으로 넘어가면 주먹으로 때리기를 하자고 걔가 먼저 제안했다. 하기 싫었지만 선택의 여지없이 바로 실시되었고, 일방적으로 내가 당했다. 아마도 조심성이 부족한 내 성격을 노렸던 것 같다.

늘 당하던 중 하루는 걔의 공책이 내게로 넘어왔기에 기회다 싶어 공책 한 장을 찢었다. 그리고 그날 일그러진 걔의 얼굴을 보는 순간 불안함을 느꼈지만 솟아오르는 통쾌함이 그걸 다 잊게 했다.

한 사흘 동안은 조심했지만 아무 탈이 없어 잊고 지내던 중, 럭키회사에 취직한 누나가 처음 탄 월급으로 사준 잠바를 입고 갔다. 나로서는 태어나 최초로 입어본 새옷이었다. 먼지가 묻을세라 때가 탈세라 얼마나 조심하였던가.

그런데 3교시가 끝났을까. 옆의 애가 "야, 네 옷 소매가……" 하며 말을 채 잊지 못하는 게 아닌가. 얼른 소매를 들어보았더니, 세상에…… 소매 한 깃을 도려낸 흔적이 뚜렷이 나 있었다. 깜짝 놀라 둘러보았다. 그 찰나, 걔의 책상 위에 내 소매 조각이 눈에 띄었다.

그날 나는 걔를 얼마나 팼는지 모른다. 아이들이 말리고 선생님의 억센 팔에 질질 끌려나오면서도 발을 날렸다. 그리고 그날 나는 때린 것 이상으로 선생님으로부터 엄청나게 맞았다. 아마 다른 때였더라면 그 아픔을 견딜 수 없었을 게다. 그러나 선생님께 맞는 아픔보다는 걔를 더 때리지 못한 아픔이 더 컸다.

2학기가 되어 새로 완성된 초등학교로 옮기면서 걔와 헤어졌다. 그리고 걔뿐만 아니라 학교에선 아이노꾸들이 사라졌다. 나중에사 한시적으로 주한미군에게서 태어난 혼혈아들을 미국 본토로 옮기는 정책 때문이었다고 들었지만. 물론 그때 가지 못한 아이노꾸들은 남아야 했고.

그 시절로 돌아가 생각해본다. 엄마는 놔두고 아이들만 데려가려는 정책에 따를 것인가 말 것인가. 아이들만 떼주면 어쩌면 편할 수도 있으리라. 키워야 할 자식이 없으니 생활비도 적게 들고, 또 커면서 놀림 받는 일도 없을 테고…….

그러나 보내줄 수 없던 엄마들의 마음이 더 아프게 와 닿는다. 자기가 낳은 자식을 어미 없는 이국땅에서 자라게 하는 것보다는 차라리 자신이 데리고 사는 게 더 나으리라는 것을. 허지만 이 땅에서 태어나 이 땅의 사람도, 저 땅의 사람으로도 대우받지 못하는 걔들의 아픔을 감출 수 있었을까?

이제는 주변에서 다문화가정을 흔히 볼 수 있다. 내가 사는 곳이 시골이라 더욱 그렇다. 글로벌이란 말을 떠올리지 않더라도 '단일민족'이란 단어는 낡은 시대의 구호다. 그렇지만 어두운 시절을 기억하는 이들에게는 역시 아픔으로 남을 수밖에 없다.

가끔씩 두 소녀가 떠오를 때가 있다. 그럴 때마다 전과는 달리 내게 살가웠던 흑인 혼혈소녀보다 사사건건 나를 괴롭혔던 백인 혼혈소녀가 더 다가온다. 어디서 어떻게 살고 있는지 궁금하고, 혹 우연히 만나게 된다면 그때의 주먹질을 사과하고 싶다. 아무리 걔가 먼저 싸움거리를 제공했다 하더라도 말이다.

하야리아부대(4)
갑미 누나, 감당할 수 없던 삶의 무게

우리 동네 갑미 누나는 참 예뻤다. 살아오는 동안 직접 마주쳤거나, 또 영상이나 사진을 통해 보았던 수많은 미인들을 젖히고 내 기억 속에 남은 가장 이쁜 여자는 갑미 누나다.

갑미 누나는 나보다 다섯 살 많았다. 갑미 누나에 대한 영상 기억은 내가 중학교 1학년 때 끊겼으니 아마 학교에 다녔더라면 고등학교 졸업반이었을 텐데, 공부를 계속할 처지가 아니었다.

갑미 누나는 얼굴이 갸름하고 목선이 가늘었다. 아니 얼굴보다 목소리가 더 고왔다. 누나는 〈섬집아기〉를 즐겨 불렀다. 가끔씩 그 집 앞을 지나칠 때 "엄마가 섬그늘에 굴 따러 가면 ~" 하고 조곤조곤 들려오는 노랫소리는 참으로 고왔다. 누나의 노래가 들리면 아무리 바쁜 심부름이라도 발걸음을 멈추고 한 곡이 다 끝날 때까지 듣고 갔다.

그 목소리보다 더 아름다운 건 마음씨였다. 언제나 나를 보면 따뜻한 말 한마디를 건넸다. 추운 겨울날엔 지나치는 내 손을 잡으며 "아유, 이 손 봐라. 꽁꽁 얼었네." 하며 비벼주었고, 여름날 놀다가 들어오는 길에 마주치면 땀이 뻐질뻐질 흐르는 뺨을 박가분보다 더 흰 손수건으로 닦아주었고, 봄가을이면 나를 마을 언덕으로 데리고 가 여기저기 핀 꽃들을 보며 하나하나 이름을 가르쳐주었다. 친누나가 셋이나 있었지만 난 친누나들보다 갑미 누나를 더 좋아했다. 어린 마음에도 만약 세상에 천사가 있다면 바로 '갑미 누나처럼 생겼을 거야.' 하고 중얼거리기도 했으니까.

갑미 누나는 중학교에 가지 못했다. 누나만이 아니라 당시 우리 동네 여자 아이들 대부분이 그랬으니까 그건 흉이 아니다. 학교 대신 고무신공장에 다녔다. 그것도 전혀 부끄러운 것이 아니다. 다들 고무신공장 아니면 모자공장, 봉제공장, 가발공장에 다녔으니까.

그런데 갑미 누나네 아버지의 술 취한 주정소리가 높아지는 날이면 공장 다니는 누나의 어깨가 축축 내려앉는 듯이 보였다. 또 누나네 엄마의 악다구니가 이중주의 불협화음을 만들 때면 더욱 그랬다. 나를 보면 분명 웃는 얼굴이었으나 어딘지 그늘이 져 보였다.

그러던 어느 날 갑미 누나가 볼그족족한 입술과 무릎을 훤히 드러낸 치마를 입고 가는 걸 마침 엄마와 어디 갔다 돌아오는 길에 보았다. 누나의 얼굴이 입술보다 더 붉어지면서 고개를 푹 숙인 채 처음으로 어떤 인사말도 받지 못한 채 지나쳐갔다. 다만 엄마의 혀를 차는 한마디만 들었을 뿐.

"아이구 가스나, 팔자가 와 저리 사납노. 저 에린 기, 쯧쯧."

날이 길수록 갑미 누나의 치마가 짧아지면서 고개는 섬섬 올라왔다. 그리고 오물오물 씹던 껌소리가 '자작자작'에서 '짜작짜작'으로, '짜작짜작'에서 '쫘악쫘악'으로 바뀌면서 입술도 생쥐혓바닥보다 더 붉게 변해갔다.

그즈음 갑미 누나의 남자를 보게 된 것 같다. 얼굴은 연탄처럼 시커멓고, 이빨은 분필처럼 흰 할로였다. 내가 둘의 모습을 처음 보았을 때는 누군지 전혀 짐작도 못했다. 그때 나는 아버지의 심부름으로 점방50)에 들러 봉초51)를 사서 나오는 길이었다. 저 앞에서 두 사람이 걸어가고 있었다. 한쪽은 전봇대만 하고 한쪽은 이쑤시개만 했으니 꼭 넒은 볼떼기에 밥풀이 붙어 있는 모습이었다.

누군지 궁금하긴 했으나 엄청난 덩치에 겁을 먹어 조심조심 뒤따를 수밖에 없었는데 만약 그렇게 계속 갔더라면 뒷모습만 본 체 끝났으리라. 그런데 무슨 일이 있었는지 갑자기 밥풀 쪽에서 뒤를 돌아보는 게 아닌가. 아…… 그때사 나는 볼떼기와 밥풀의 정체를 알게 되었다.

그 뒤로 갑미 누나는 할로를 데리고 집에 자주 왔다. 그래서 그 할로의 이름이 조지라는 것도 알게 되었다. 우리 집에서 빤히 내려다보이는 누나의 집 평상에 앉은 둘을 볼 때도 있었다. 그럴 때면 뭘 하는지 조지의 무릎에 누나가 앉아 있었다. 둘은 떨어져 있는 모습보다 찰싹 달라붙은 모습이 더 자주 눈에 띄었다.

갑미 누나가 직업을 바꾸면서 이름도 쥬리로 바뀌었다. 쥬리로 바꾼 뒤 한 번도 겨울에는 언 내 손을 잡아주지도, 여름에는 손수건으로 뺨에 묻은 땀을 닦아주지도, 봄가을에는 언덕에 핀 꽃 이름을 가르쳐주지도 않았다. 다만 초콜릿과 츄잉껌을 주있을 뿐.

그렇게 삼사 년쯤 지났을까, 일 년에 한 번씩 부대를 개방하는 날 쥬리 누나는 조진가 뭔가를 만나러 갔다가 시체가 되어 나왔다. 그날 아침 마지막으로 본 누나는 양귀비꽃보다 더 밝은 웃음을 띠었는데 몇 시간 뒤

---

50) 방이 딸린 가게를 예전에 '점방'이라 했다.
51) 담뱃대에 넣어서 피울 수 있도록 잘게 썰어 봉지로 포장한 담배.

엔 얼어붙은 배추보다 더 푸르죽죽한 시체로 변해 있었다.

동네 어른들의 말로는 수영을 못하는 애가 물 위에 둥둥 떠 있었다고 했다. 수영장에 있었으면 수영복을 입고 있어야 하는데 발가벗은 채였다고도 했다. 목이 졸린 흔적이 뚜렷했다고도 했다. 그렇지만 미군 엠피가 조사해 나온 결론은 수영 미숙으로 인한 사망이라고 했다.

가끔씩 길을 가다 서양 남자와 우리나라 여자가 걸어가는 모습을 볼 때가 있다. 이제는 전과 달리 둘의 순수한 사랑이 전제된 만남이 대부분이리라. 그래서 어떤 면에선 아름답기까지 하다. 그런데 나는 가슴이 아프다. 특히 덩치 큰 할로 곁에 여리디여린 우리나라 아가씨가 함께 걸을 때는 더욱 그렇다.

갑미 누나가 양갈보가 된 나이는 내가 초등학교 3학년 때니 열다섯 살이었고, 죽은 나이는 열아홉 살이었다.

소눈깔 아줌마

　우리 집 건너건너에 상구 형이 살았다. 상구 형은 나보다 두 살 많았는데, 두 살 나이 차이에도 불구하고 같이 놀았다. 상구 형 가족은 엄마와 형 단 둘이다. 그러니까 우리 동네에서는 가족 수가 가장 적은 셈이었다.
　마을 아저씨들을 부르는 호칭은 김, 이, 박 하는 성에 씨를 붙인 호칭보다 누구누구 아버지 하는 호칭과 직업을 이용한 호칭이 더 자주 쓰였다. 연탄집 아저씨, 쌀집 아저씨, 만화방 아저씨 등등. 대신에 아주머니들도 쌀집 아줌마 등으로 불리는 이도 있지만 그냥 누구누구 엄마로 불리는 게 대체적이었다.
　그런데 직업과 관계없이 별명을 가진 아주머니가 한 사람 있었다. 바로 상구 형의 엄마였다. 상구 형의 엄마는 '소눈깔 아줌마'로 불리었다. 자동적으로 상구 형은 '상구'란 이름보다 '소눈깔네 아들'이었고.
　상구 형은 그 호칭을 너무너무 싫어했다. 그 앞에서 동갑이나 나이 어린 애들은 절대로 불러선 안 되었다. 무심코라도 사용했다가 들키면 주먹이 매운 상구 형에게 떡이 되었다. 나이 많은 형들도 함부로 부르지 못했다. 자칫 운 나쁘면 짱돌을 맞아 머리에 구멍이 날지도 모르기에.

　상구 형의 엄마가 소눈깔로 불리게 된 건 바로 오른쪽 눈 때문이다.

일반적으로 유난히 눈알이 굵을 때 소눈깔만하다고 한다. 그럴 경우에도 눈알이 다른 이들보다 조금 더 크고, 대신에 두 눈알의 크기가 같다. 그러니 눈이 커서 소눈깔로 불린다면 화를 낼 필요가 없을 게다. 그러나 상구 형이 화를 낸 이유는 엄마가 진짜 소눈깔이기 때문이다. 아니 이건 분명히 잘라 말할 수는 없다. 소눈깔인지 개눈깔인지는 확인된 사항이 아니니까.

상구 형의 엄마는 한쪽 눈, 즉 오른쪽 눈이 유난히 컸다. 남들보다 조금 더 큰 정도가 아니라 누구라도 보면 정상적이 아니라고 여길 만큼 컸다. 동네 어른들은 오른쪽 눈알을 뺐다 넣었다 하는 걸 보았다고 얘기하곤 했다. 어린 우리들로선 도무지 믿기지 않는 일이었다. 눈알을 뺄 수 있다니……? 또래인 민기는 저도 눈알을 빼보고 싶다고 했다가 진짜 눈알이 빠질 정도로 제 아버지에게 얻어맞았다.

상구 형의 엄마는 매일 아침 재첩국을 팔러 다녔다. 새벽에 부전시장에 가서 사온 재첩국을 동이에 이고 다니며,

"재첩국 사이소! 재첩국 사이소!"

하며 소리치고 다녔다. 가끔씩 뉘 집 대문 앞에 동이를 내려놓고 어깨를 두들기는 모습을 보는 건 드물지 않다. 매일 그렇게 무거운 동이를 이고 다니며 얼마나 버는지 모르지만 상구 형과 두 식구인데도 가난하긴 우리니 다름없었다.

그런데 상구 형은 엄마를 무척이나 싫어했다. 엄마가 부를 때 대꾸하는 걸 한 번도 본 적이 없고, 또 엄마라고 부르는 걸 본 적도 없다. 뿐인가, '~년'이란 말을 붙여 가며 욕을 할 때도 있다. 아버지는 그런 후레자식과는 절대로 놀지 말라고 했지만 상구 형의 주먹이 무서워서 그럴 수도 없었다.

상구 형은 중학교를 졸업하자마자 어디론가 가버렸다. 제 엄마에게는 한마디 말도 안 한 대신 "~년 보기 싫어서 집 나간다."는 말을 우리들에겐 던졌으니 요즘 식으로 말하면 가출을 통고한 셈이나 우린 상구형의 엄마, 소눈깔 아줌마에게 알리지 못했다.

그날 저녁 동네에선 오직 상구 형의 엄마, 소눈깔 아줌마가 아들을 찾아다니며 울부짖는 소리만 들려왔다. 다음날 그렇게 여겨선지 아줌마의 눈은 진짜 소눈깔처럼 커보였고, 토끼눈깔보다 더 빨갰다. 그리고 아줌마의 눈에 눈물은 사라졌지만 그 자리에 사슴눈처럼 슬픈 기색이 자리 잡았다.

내가 상구 형의 소식을 다시 들은 건 그로부터 훨씬 뒷날의 일이다. 아줌마는 그때 재첩국 장사를 하느라 얻은 후유증으로 허리를 상하여 집에서 용돈이나 버는 잔일을 하고 있었던 모양이다. 그런데 형사 한 사람이 아줌마 앞에 나타나면서 상구 형의 소식이 알려지게 되었다. 내가 대학교 2학년이던 여름날이었다.

그해 유월 인천에서 집단폭력배들끼리 세력 다툼이 있었는데 그 과정에서 여러 사람이 중상을 입고 한 사람은 죽는 사건이 일어났다. 그때 가해사 중의 한 명이 바로 상구 형이었는데 주소지를 찾지 못해 한참이나 애쓰다가 겨우 찾아왔다는 것.

전해준 엄마에 따르면 아줌마는 한순간 말문을 닫았다 한다. 허나 이내 그래도 죽은 줄 알았던 아들이 살아 있는 것만 해도 어디냐 하면서 일어서더란다.

그날 이후 상구 형의 엄마는 동네를 떠났다. 들려오는 말로는 아들 뒷바라지하려고 인천으로 올라갔다는 얘기만 있었을 뿐 그 뒤로 소식을 들은 바는 없다. 다만 가장 가까이 지낸 동동주집 아줌마가 전해준 이야기가 동네 사람들의 입에 오르내렸을 뿐.

상구 형이 어릴 때 눈병을 몹시 앓아 한쪽 눈이 잘못돼 실명의 위기에 처했을 때 제 엄마가 자신의 눈 하나를 떼 내어 이식시키고, 그 자리에 다른 것을 박아 넣었다고 한다. 그게 당시의 의학으로 가능한지 어떤지는 잘 모르겠다. 그때는 누군가 얘기하면 그 말이 옳다고 믿었으니까.

동동주집 아줌마로 하여 그 뒷얘기가 더 이어진다. 두 아줌마는 서로 연락을 주고받았나 보다. 상구 형 엄마는 올라간 뒤부터 형무소 바로 앞에다 집을 얻어 날마다 면회를 갔으나 만나주지 않았단다. 엄마 얼굴 보기 싫다면서.

그리고 소눈깔 아줌마의 몸이 좋지 않다고 연락 온 날, 동동주 아줌마는 인천으로 올라갔다. 그런데 내려올 때는 상구 형의 엄마가 죽었다는 소식을 안고 왔다. 그날 저녁 동동주를 한 잔 들이켰는지 동동주 아줌마는 없는 상구 형을 마치 앞에 앉아 있는 양 삿대질하며 욕을, 온갖 욕을 퍼부었다. 제 어미를 잡아먹은 호로자식이라고. 그리고 상구 형에 관한 얘기는 끝난다.

지금 사는 달내마을에서 소를 볼 때마다 가끔 상구 형 엄마가 떠오른다. 그 아줌마의 큰 눈이. 그리고 모자의 끝을 알 수 없는 다음 이야기를 만들어본다. 상구 형은 뒤늦게 자신의 눈이 제 엄마의 눈이었다는 걸 알고 참회의 눈물을 흘렸다고.

신발공장 공순이 신애

 신애는 우리 집 바로 아래아래에 살았다. 나보다 한 살 어리니까 지금쯤은 아이들의 엄마로, 아니 어쩌면 할머니가 됐을지 모르겠다.
 신애는 중학교에 가지 못했다. 나는 요즘 '안 했다' 대신 '못했다' 라는 말을 써야 할 때 종종 망설인다. 둘의 쓰임은 분명히 다르기에 그에 따라 맞춰 쓰면 되련만 선뜻 하나를 택하지 못한다. 스스로의 의지로 택할 수 없어 주어진 환경에 어쩔 수 없이 따라야만 했을 때, 그 선택을 강요받은 이의 입장을 헤아리노라면 '못했다' 란 말이 쉬 나올 수 있으련만 그리 쉽지 않다.

 신애는 중학교에 가는 대신 신발공장 시다[52]로 들어갔다. 위로 두 살 많은 오빠의 중학교 등록금을 걔가 댄다는 소문이 금방 우리 집에 전해졌다. 울 엄마의 말대로라면 아래 두 살 어린 남동생도 내후년에 중학교에 가게 되니 그 학비도 신애가 담당해야 할 것 같다.

---

52) 견습공의 일본어 '시다바리' 의 준말.

신애가 신발공장에 들어가기 위해 최초로 한 일은 법을 어기는 일이었다. 그때도 고용 최소 연령의 제한이 있었는지 신애는 저보다 네 살 많은 봉제공장 다니던 정애 언니의 호적초본을 넣었다. 그러니까 법을 좋아하는 이의 표현대로라면 공문서를 위조한 위장취업인 셈이다.

당시 부산에는 신발공장이 잘 돌아갔다. 검정고무신을 맨 처음 생산한 기차표의 동양고무, 타이어 상표가 뚜렷한 보생고무, 왕자표의 국제화학, 범표의 삼화고무 그리고 어떤 마크인지 생각나지 않으나 진양고무도 있어 여자아이들이 취직하기에는 좋은 조건이었다.

신애는 학교에 가는 나보다 두 시간 일찍 나갔는데 돌아오는 시간은 훨씬 더 늦었다. 날이면 날마다 잔업을 하니 언제 들어오는지 알 수 없었다. 철야란 이름으로 작업할 때는 말 그대로 밤을 새워야 했다. 토요일이라고 별 수 없었다. 나야 한 시쯤이면 집에 왔으나 공장에는 토요일이 없었다. 일요일도 나가야 할 때가 많았다. 그러니 둘이 마주칠 기회가 별로 없으련만 신애는 일 주일에 한 번씩은 꼭 우리 집에 왔다.

신애는 책 읽기를 참 좋아했다. 우리 누나나 내가 읽으려고 갖다놓은 몇 권 안 되는 책을 빌리기 위해 시간을 내었다. 다른 애들은 시간 나면 놀러 다니거나 뭘 사러 다니거나 아니면 잠을 잔다던데 신애는 조금이라도 짬이 나면 쉬는 대신 꾸준히 책을 읽었다. 신애는 책 읽는 게 너무 재미있다고 했다. 노는 것보다, 옷 사러 다니는 것보다, 잠자는 것보다, 군것질하는 것보다 책 읽는 게 좋다고 늘 말했다.

고등학교 다닐 때 우연히 들른 신애랑 그 전주에 우리 집에서 빌려간 책에 관해 얘기를 나누다가 깜짝 놀랐다. 나도 읽었지만 줄거리나 겨우 기억하는 책의 내용을 신애는 완전히 꿰뚫고 있었고, 상당히 많은 구절구절을 어떻게 외웠는지 눈을 슬며시 감고 얘기하는 게 아닌가.

　대학에 다닐 때도 마찬가지였다. 국문과에 다니는 나랑 비교해도 훨씬 많은 책을 깊이 있게 읽었다. 얘기를 나누다 보면 어떤 땐 자존심이 상하기도 해서 학교에서 얻은 지식을 내세워 억지를 부린 적도 있었다. 그러나 여대생들도 피하는 니체와 칸트, 사르트르 철학을 얘기할 때면 나는 입을 다물어야 했다.

　그러던 어느 날, 신애가 대학교 배지[53]를 하나 구해달라고 했다. 나는 별 생각 없이 구해다주었고, 그리고 잊어버렸다. 그런데 동네 애들 사이에 신애가 연애한다는 소문이 나돌고, 사귀는 애가 대학생이라는 얘기가 들려왔다. 처음 그 얘기를 들었을 때는 말도 안 되는 소리라 여겼다. 국졸이 대학생과 사귀다니? 나 자신, 아무리 여자애가 마음에 들더라도 국졸이라면 쳐다보지도 않을 텐데 하며.

　소문을 들은 지 얼마나 지났을까. 어느 일요일, 목욕탕에 가는데 저만치 걸어가는 깔끔하게 차려입고 한 손에 책을 들고 걷는 처녀의 뒷모습을 보았다. 우리 동네에는 저렇게 멋지게 빼입고 책을 들고 가는 처녀가 없는데 하는 생각에 발걸음을 빨리하여 나란히 서서 슬쩍 옆을 보았다. 바로 신애였다. 그 순간 내가 사준 배지가 옷깃에 달려 있는 걸 보았다. 신애는 얼른 손에 든 두터운 영어 원서로 배지를 가렸고, 나는 혀를 차며 돌아섰다.

---

[53] 'badge'의 로마식 표기다. 그리고 당시 대학생들은 교복도 있었으나 교복을 잘 입지 않는 대신 배지는 달고 다녔다.

몇 달이 지났을까. 신애가 '전국 쥐잡기 날'을 위해 동사무소에서 가정마다 배급한 쥐약을 먹고 자살을 시도한 사건이 터졌다. 이내 그 집에 갔다 온 엄마가 전해준 소식을 듣는 순간, 결국 일이 터지고 말았구나 했다. 다행히 목숨은 건졌으나 위장을 버려 평생 고생하며 살아야 한다는 얘기를 들었다. 신애가 가족 몰래 부은 적금을 타 그 대학생의 학비로 주었나 보다. 허나 그 놈은 졸업할 무렵 신애를 차버렸고. 삼류영화의 주인공처럼 신애는 몸도, 마음도, 학비도 다 빼앗긴 채 버림받았고…….

　신애는 병원에서 돌아온 다음날 집을 나가고 말았다. 걔 엄마는 아직 몸도 회복되지 않은 년이 죽으려고 환장했다며 울음을 터뜨렸고, 걔 아버지는 제 엄마더러 "딸년 교육 제대로 못 시켜 남세스럽다."며 문을 닫고 들어갔다.

　신애는 지금 어느 하늘 아래서 살고 있을까? 교육 받은 나보다 더 열심히 책을 읽던 소녀, 니체와 칸트, 사르트르를 가르쳐주던 소녀, 한없이 마음이 따뜻하던 소녀, 가진 것 없어도 부자이던 소녀, 그러나 비극의 주인공이 된 소녀. 좋은 인연 만나 행복하게 살고 있기를, 그게 아니면 제발 그때 얻은 후유증이나마 다 사라져 위장만은 정상 회복되어 건강하게 살고 있기를…….

구멍 난 팬티

학교 동기 중 어느 시절의 만남이 현재도 가장 가깝게 남아 있을까? 언젠가 읽은 글 속에서 그 풀이를 본 적이 있다. 중학 동기는 아예 순번에 들지 않으니 거론할 필요가 없다. 대학 동기를 가장 가깝게 여기는 이들은 좋게 말하면 미래지향적이고 나쁘게 말하면 출세지향적인 품성의 소유자라는 것. 그리고 고등학교는 이성과 감성이 가장 예민한 시기라 그때 맺은 우정은 남녀의 사랑보다 더 깊고 넓다는 것. 그러면 초등학교 동기는 어떨까. 과거지향적이란 답이 나올 줄 알았는데 가장 순수하고 아름다워 떠올리는 것만으로도 행복하다는 대답.

나는 대학 동기회를 빼고는 계속 모임을 갖고 있다. 그중에서도 초등 동기모임을 가장 자주 찾는다. 중, 고 동기모임보다 재미있기 때문이다. 남녀가 섞여 있다는 게 가장 우선되는 이유다. 그리고 거기서는 누가 잘 되고 못되고를 따지지 않는다. 묻지 않는 한 현재의 삶에 대한 얘기도 꺼내지 않는다. 대신 40년이 지난 이야기를 줄창 하고 또 한다. 그게 별로 재미있을 것 같지도 않은데 해도 해도 또 재미있다. 그래서 초등 동기모임에 가면 나도 떠버리가 된다.

초등 동기모임에는 늘 오는 이들과 한 번씩 끼어드는 이들로 나뉜다.

나는 어쩌다 한 번씩 가지만 늘 오는 이들로 분류된다. 십 년 넘게 지속된 모임에 매번 참석하는 건 아니지만 적어도 두 번 중 한 번은 갔기 때문이다. 늘 보는 이를 만난다 해도 삼 개월 만에 한 번이니 반갑기는 여전하다. 그래도 역시 처음 오는 이나 몇십 년 만에 만난 이가 있기에 갈 때마다 은근히 기대를 한다.

4년 전이었다, 40년 만에 처음 참가한 녀석을 만난 건. 나는 처음에 누군지 몰랐다. 녀석은 다른 친구들과 인사를 나누다가 나를 발견하고는 찡긋 웃음을 보내는 게 아닌가. 나도 그에 맞는 웃음을 보내면서도 도무지 면이 없어 아는 체하기도 안 하기도 곤란하여 어정쩡한 얼굴로 바라보자, 녀석이 다가와 슬쩍 귓가에 한마디를 던졌다. "구멍 난 빤쓰." 하고. 그 순간 나는 녀석을 끌어안았다. 40년 만에 공범의 만남이 이뤄진 셈이다.

정말 40년 만이었다. 초등학교를 졸업한 뒤 처음 만났으니까. 가운데 머리카락만 남고 양쪽에는 터널이 뚫려 있어 흔히 말하는 '주변머리'에다, 얼마나 삶이 파팍했는지 얼굴 곳곳에 남은 고달픈 흔적이 너석을 첫눈에 알아보지 못하게 했던 터.

지금은 그래도 편하게 돌이켜볼 추억이지만 녀석과 나는 한 소녀에게 지워지지 않는 상처를 안긴 추악한 짓을 했다. 요즘 그런 일이 일어났다면 어떻게 됐을까? 그리고 내가 만약 그 소녀의 아빠라면?

당시 남자아이들이 학교에서 하던 주된 놀이는 공을 구하기 어렵다보니 축구·농구·배구 같은 건 상상도 못했고, 말뚝박기·비석치기·깡통차기·다방구가 인기 종목이었다. 여자아이들 역시 구기 종목 대신 고무줄뛰기와 공기받기에 매달렸다.

남자아이들 중엔 제 놀이 대신 여자아이들이 고무줄뛰기 하는 데 가서 고무줄을 끊고 달아나는 애도 있었으나 그런 행동은 왠지 머스마답지 못하다는 생각에선지 우리 또래들 중에는 드물었다. 공기받기할 때 슬그머니 곁에 가 여자아이의 팔을 쳐 공기를 떨어뜨리는 행위 역시 마찬가지였다.

　어느 날 운동장 가에 있는 느티나무를 중심으로 삼아 '무궁화꽃이 피었습니다'를 하고 놀다가 목이 말라 수돗가로 가 물을 마시려는데, 익숙한 소리가 들려 고개를 돌리니 바로 저 앞에서 여자아이들이 공기받기를 하고 있었다. 우리 반 소녀들이었다. 그냥 무심코 보다가 정면으로 보이는 소녀에게 눈길이 갔다. 우리 반에서 가장 공부 잘하고, 가장 예쁘고, 가장 똘똘한 소녀였다. 평소 잘 나가는 한두 남자아이에게만 말을 붙이는 아주 도도한 소녀이기도 했다. 나는 늘 무시당하는 축에 들었고.
 그래 고개를 돌리려다가 공기받기는 얼마나 잘하는가 보려고 안 보는 척하며 힐끔힐끔 보곤 했다. 걔는 공부만 잘하는 줄 알았더니 공기받기도 썩 잘했다. 그런데…… 무심코 눈길이 공기받기하느라 살짝 들린 치마 쪽으로 향했다. 아, 그런데…… 눈에 보여선 안 될 게 들어왔다. 거기가 구멍 나 있었던 것이다. 봐선 안 될 걸 보았다는 마음에 재빨리 눈을 돌렸다. 그러나 한 번 들어온 광경은 쉬 잔상이 없어지지 않아 다시 슬쩍 보았다. 분명했다. 하필이면 그곳에…….

 혼자 보고 혼자 새겼으면 아무 일 없었을 일이 엄청난 사건으로 번진 건 다시 '무궁화꽃이 피었습니다'를 하려고 달려가다가 그때 나처럼 물 마시러 오던 녀석을 만난 게 탈이었다. 그리고 이어진 슬며시, 아주 조용히 녀석의 귀에 대면서 "너만 알고 있어라."며 한 말.
 녀석은 저만 알고 있으라는 약속을 지키지 않았다. 머스마들이 떼거리로 몰려갔고 그제사 사태를 파악한 소녀가 울음을 터뜨렸다. 그리고 용의자인 우리 둘은 이내 범죄자가 되어 선생님 앞에 섰고…… 매를 임청나게 맞았고…… 그 뒤로 새 학기가 될 때까지 변소 청소를 해야 했다.
 2학기 되자 그 소녀는 학교에 나오지 않았다. 어리석은 두 범죄자는 걔가 왜 사라졌는지 어디로 갔는지는 관심이 없었고, 오직 변소 청소가 끝났음을 기뻐했을 뿐.

 동기모임에서 넌지시 그때 일을 비쳐보았더니 다행히 죄인 둘을 빼고는 그때 일을 기억하는 동기들이 없었다. 아마 그래서 아직도 뻔뻔하게 모임에 나가는지 모른다. 다른 학교로 전학 간 그 애가 우리 모임에 나올 리는 없고 혹 나오더라도 전혀 얼굴이 떠오르지 않으니까 죄의식을 느낄 만남은 없으리라. 그럼에도 부끄럽고 죄스럽다.
 팬티를 사 입을 형편이 되지 않아 여름날 쪼그리고 앉으면 덜렁거리는 내 것을 보여줄 때도 있었고, 개울에서 멱 감을 때면 발가숭이 몸뚱이라 정말 송두리째 다 보여주었건만 그 애에게 한 짓은 결코 용서받지 못하리라. 걔보다 새 팬티를 사주지 못해 떨어진 팬티를 기워 학교에 보냈다가 공기받기하느라 다시 찢어져 못된 놈들에게 봉변을 당한 부모님의 아픔이 더 가슴을 아리게 한다.

 간혹 호수나 개울을 지나다가 무심코 돌멩이를 던질 때가 있다. 돌멩이는 규정되지 않은 방향으로 떨어졌지만 맞은 개구리에게는 중상이다. 나는 돌멩이를 규정하지 않은 방향으로 던진 게 아니라 과녁을 향하여 정확하게 던졌다. 또 돌멩이 대신 창을 던져 소녀의 가슴에 박고 말았다.

똥구멍이 찢어지다

어려운 삶을 얘기할 때면 늘 들먹이는 초근목피(草根木皮)는 우리말로 풀이하면 '풀뿌리와 나무껍질'이다. 풀뿌리 가운데서는 칡뿌리가 대표가 되며, 나무껍질 가운데서도 소나무 껍질이 그 대표다.

내가 살던 곳에서 다니던 중학교[54]로 가려면 두 가지 방법이 있었다. 하나는 전차를 타고 가는 방법과 걸어서 가는 방법. 전차를 타고 가는 방법도 서면까지 20분쯤 걸어가서 전차 타고 학교 앞 정류장까지 가는 방법과 하마정까지 30분쯤 걸어가서 전차를 타는 두 가지가 있었는데, 둘 다 시간은 한 시간 정도 걸렸다.

순전히 걸어서만 갈 때는 지름길로 가도 세 시간이 걸렸다. 그러니 아침 등굣길에는 엄두도 못 내나 하굣길, 특히 토요일에는 가끔 그리 했다. 걸어서 가는 그 길에 만덕고개가 있었다. 그 고개를 넘어가는 도중에는 먹을 게 참 많이 나왔다. 겨울에야 나오는 게 없지만 여름과 가을

---

54) 당시 동래구 명륜동에 있던 동래중학교.

에는 숱한 나무열매를 먹으면 될 터. 그런데 봄이 문제였다. 그걸 해결하도록 해준 게 바로 송기와 칡이었다.

봄날 물이 잔뜩 오른 소나무 가지를 꺾은 뒤 겉껍질을 벗기면 뽀얀 속살을 드러내는데, 가만히 보면 속껍질이 어른어른 보인다. 그 속껍질이 바로 송기다. 두 손으로 소나무 끝을 잡고 입을 댄 다음 하모니카 불 듯이 훑으면 달큼한 맛이 입안에 가득 고인다.

칡도 마찬가지다. 씹으면 약간 쓴맛이 나면서 물이 많은 물칡기와 씹으면 고소한 맛이 나면서 조금 퍽퍽한 가루칡기 모두 먹을 만하다. 파기가 어려운데 그것도 언덕 쪽에 묻혀 있거나 아래로 깊이 박히지 않고 옆으로 뻗어 있는 걸 고르면 쉽다.

송기든 칡이든 적당히 먹으면 심심풀이로서 나무랄 데 없다. 그러나 이를 한 끼 식량으로 대신하면 꼭 탈이 난다. 흔히 보릿고개라 일컬어지는 시기에 먹을 양식이 부족하여 주식 대신 이용할 경우가 있다. 송기는 말렸다가 도구통[55]에 콩콩 찧어 가루를 내어 떡으로 만들거나 밥에 얹어 먹는다. 칡도 마찬가지다. 물에 불려 간 뒤 체로 거르는 과정을 거쳐 내린 앙금을 말려 떡을 만들 수 있다. 헌데 송기든 칡이든 적당히 먹으면 모르나 끼니 삼아 먹으면 반드시 악성변비로 이어진다.

산동네에서는 아래쪽이면 형편이 좀 낫고, 위쪽일수록 어렵다. 우리 집 바로 윗집인 나보다 두 살 어린 길수네가 우리보다 가난한 건 당연한

---

[55] 사전을 찾아보면 '절구통'의 전라도 충청도 방언으로 나오나 경상도에서도 사용한 말이다.

일. 그러니까 그 집에선 가끔 송기떡이나 칡떡을 끼니 대신 먹어야 할 때가 있었다.

어느 날이던가. 갑자기 찢어질 듯한 길수의 비명이 들려왔다. 처음에는 이 녀석이 어디 부딪쳐 크게 다쳤거나 아니면 횟배를 앓아 견딜 수 없어 내는 소리라 여겼다. 그러나 비명은 그치지 않고 더욱 소리가 높아져 궁금한 마음에 가보지 않을 수 없었다.

길수네 마당에 들어섰을 때 길수의 얼굴보다 댓돌 바로 앞에 높이 쳐들린 엉덩이가 먼저 들어왔다. 옆에는 제 엄마가 젓가락을 들고 있고. 길수는 비명을 지르는 가운데서도 나를 봤는지 손짓으로 쫓아내려 했지만 궁금증이 녀석의 엉덩이 높이보다 더 솟구친 터라 다가갈 수밖에.

길수의 똥구멍에는 숯이, 분명 내게는 숯처럼 보인 그게 박혀 있었다. 똥의 빛깔은 누런데 어찌 그리 시커멀 수 있을까? 걔 엄마는 그 숯을 젓가락으로 파헤치고 아들은 아프다고 비명을 지르고. 아무리 조심해도 똥구멍은 찢어질 수밖에.

그날 나는 똥구멍이 찢어지게 가난한 현장을 두 눈 뜨고 지켜보았다.

대부분의 가정에서는 설과 추석에 쇠고기를 먹었다. 아니 쇠고기국을 먹었다. 엄밀히 말하면 쇠고기국이 아니라 쇠고기 기름국이었다. 고기는 보이지 않고 기름만 둥둥 떠 있으니. 문장 능력이 뛰어난 싱거운 이익 표현을 빌리면 소가 물을 건너갔다는 뜻의 '한우도강탕'이니 소 발이 물에 살짝 닿았다는 뜻의 '우족접수탕'이다. 한우도강탕이니 우족접수탕이니 해도 일 주일에 한 번만, 아니 한 달에 한 번만이라도 먹을 수 있다면…….

이런 사정이니 불고기, 즉 고기를 불에 구워먹는다는 건 상상할 수조차 없는 일이었다. 그런데 우리 집보다 못 사는 길수네 집에 불고기를 해먹은 일이 있어 한바탕 소동이 일었다.

　길수가 나보다 어리다보니 내가 저를 찾아갈 때보다 저가 나를 찾아올 때가 많았다. 해도 꼭 필요한 게 우리 집에 없고 걔네 집에 있거나, 어른이 시키면 내가 찾아갈 수밖에. 아버지가 살강의 늘어진 철사를 조이다가 철사가 그만 끊어지고 말았다. 철사를 사오자니 시간이 걸리고 하여 혹 길수네에 철사가 있으면 좀 얻어오라는 심부름을 시켰다.

　길수네 대문에 이르렀다. 사립문을 열고 들어가려는데 이상한 냄새, 너무나 고소하면서도 유혹적인 냄새가 나는 게 아닌가. 한 번도 맡아보지 못한 냄새였고, 대상과 냄새의 정체를 연결시킬 능력이 없었건만 대번에 내 생애 가장 맛있는 고기를 떠올리고 있었다. 바로 쇠고기 불고기.

　심부름의 목적을 잊어버린 채 본능적으로 천관녀의 집을 찾아간 김유시의 말처럼 황홀한 냄새에 이끌려 부엌에 이르렀을 때, 길수와 걔의 아버지 두 사람이 당황해하며 불 위에서 구워지는 걸 가리려는 순간 나는 확신했다. 이들이 저들만 먹으려고 나에게 들키지 않으려 한다는 사실을.

　쉽게 포기할 수 없었다. 피블로프의 이론을 빌릴 필요도 없이 입에서는 침이 줄줄 흐르는데, 그깟 조금 가린다고 그냥 물러갈 수야. 두 사람이 눈을 주고받더니 나의 끈기에 항복 선언을 했는지 길수 아버지가 목소리를 죽였다.

　"즈을대로 우리 집에서 묵었다는 이바구만 안 한다고 약속하면 노나 주겠지만……."

　당장 이 앞에서 죽으라는 말만 하지 않는다면 어떤 조건도 들어준다고 작정한 터에 그 정도야 하는 마음에 머리를 몇 번이나 숙였다 들었다

했다. 그날 나는 태어나서 가장 맛있는 고기를 '구워' 먹었다. 도강탕도 아니고 접수탕도 아닌 쇠고기 불고기를.

 가장 맛있는 고기를 먹은 추억의 그날을 영원히 아름답게 간직하려던 꿈은 아버지의 심부름을 잊어버리면서 산산조각이 나고 말았다. 아버지는 철사 가져오기를 기다리다 함흥차사인 아들을 데리러 올라오셨고, 아버지 역시 고소한 냄샛길을 따라올 수밖에 없었던 모양이다.
 아버지는 나와 달랐다. 한쪽에 구겨진 신문지를 들춰보고는 길수네 아버지를 노려보다가는 내 귀를 꽉 쥐고 돌아섰다. 찢어질 듯이 아픈 귓속으로 아버지의 노한 목소리가 들려왔다.
 "이놈의 아새끼가! 묵을 기 없다고 쥐고기를 다 묵엇!"

막내누나의 달비

내게는 딸과 아들 남매가 있다. 둘은 연년생이라 그런지 어릴 때부터 엄청나게 싸웠다. 보기만 하면 싸웠다. 별것 아닌, 하등 싸울 일이 아닌데도 싸웠다. 누나 되는 큰애가 양보하면 될 텐데 하면서도 작은놈이 하는 짓을 보면 싸울 수밖에 없구나 싶다. 그래도 너무 싸우니까 늘 야단을 쳐야 했고 늘 매를 들어야 했다.

그런데 대학 가면서 둘은 싸움을 그쳤다. 그럼 사이가 좋아진 것이냐? 아니다. 싸우지 않는 대신 데면데면한 사이가 되었다. 둘은 서울에 함께 살기에 안부가 궁금하여 큰애에게 "동생 들어왔니?" 하고 전화하면, "몰라."란 답이 나온다. 작은애한테 "누나 들어왔니?" 해도 마찬가지다. 같은 학교에 다니면서 같은 집에서 둘이서만 4년 넘게 사는데도 여전하다.

내게는 형이 없는 대신 누나가 셋이다. 막내누나와 나는 나이 차가 열한 살이다. 그 사이에 딸 하나 아들 셋이 더 있었다는데 다 어릴 때 죽었다 한다. 나이 차가 하도 나니까 누나와 싸울 수가 없었다. 초등학교 때는 더욱더 그랬다. 만약 대들었다가는 박살난다. 나보다 힘도 훨씬 센데다 아버지는 언제나 누나 편이었다. 귀한 아들이긴 하나 상하 관계엔 무척 엄격하셨고, 특히 누나가 벌어오는 돈으로 생활을 했으니 역학관계로 보면 너무도 당연한 일.

　40년 전에 초등학교에 다닌 이라면 지금은 맛볼 수 없는 경험을 갖고 있을 게다. 기성회비를 못 내 학교에서 쫓겨나는 경우. 학교에서 쫓겨나면 어떤 이유든 기분 나쁠 텐데 그때는 당연하게 여겨 선생님이 "집에 가 기성회비 가져왓!" 하는 말이 떨어지면 교실을 나선다. 또 교실에서 쫓겨나는 일이 그리 부끄럽지도 않다. 절반 이상이 거기에 속했으니까. 대부분의 선생님들은 기성회비 낼 날짜를 못 박는다. 그날까지 못 내면 부모님 호출. 그리고도 못 내면 쫓아내고.
　1교시 시작 전부터 쫓겨난 아이들은 집으로 가지 않는다. 집에 가봐야 돈 나올 곳이 없다는 걸 뻔히 알기에. 다들 학교 바로 옆 동산으로 간다. 야트막하면서도 무덤이 많아 놀기에 적당하다. 게다가 무덤가에는 과일나무도 몇 그루 있어 입의 궁금함을 덜어준다.
　수업이 끝날 무렵이면 그제사 다시 학교로 간다. 그러면 선생님께서 돈 갖고 왔느냐고 묻고. 그럴 때 아이들이 입에서 나오는 말은 크게 깉고 조금 다르다. 울먹이는 투로, "아부지는 돈 벌라고 멀리 가셨고, 어무이는 아파 누워 있심니더." 선생님은 거짓말인 줄 다 알면서도 "내일 꼭 갖고 오너라."란 말로 끝내셨다.

　막내누나의 머리카락은 참으로 길었다. 뒤에서 보면 엉덩이까지 덮을 정도로 길었다. 그러니 머리 감을 때는 다른 사람보다 훨씬 시간이 오래 걸렸다. 엄마는 머리카락이 방 안 구석구석에 뒹군다고 싫어했다. 아버지는 다른 이유로 야단이었다. 뜨거운 물을 많이 쓴다고. 나도 싫었다. 머리를 감고 난 뒤 머리카락을 말릴 때면 손으로 받쳐줘야 할 경우가 있었기에.

　누나의 긴 생머리는 천덕꾸러기였지만 언제나 예쁘게 가꾸어져 있었다. 빗을 때 올이 성긴 빗으로 시작해서는 참빗으로 마무리하곤 했다. 어디서 구했는지 동백기름 같을 걸 바르면 검은빛에 윤기가 자르르 흘렀다. 뿐이랴, 세 갈래로 요리조리 엇갈리게 땋은 머리는 뒤에서 보면 하나의 작품이었다.

　날이면 날마다 두 번씩 등교하는 날이 계속되면서 엄마를 졸랐다. 나도 공부하고 싶다고. 솔직히 공부하고 싶다기보다는 동산에서 노는 것보다 교실과 운동장에서 동무들과 놀고 싶은 마음이 더 강했지만. 그럴 때마다 엄마는 "쪼매이만 참아라."는 말로 달랬다. 누나는 그즈음 공장의 경기가 좋지 않아 쉬고 있었다. 누나만 공장에 다녔어도 수업을 받을 수 있었을 텐데 하는 마음에 원망의 눈빛을 보냈다. 그러니까 나의 채근은 엄마를 향한 게 아니라 누나를 향한 거였다.
　어느 날 집 밖에서 "달비 사이소." "달비 사이소." 하는 달비장수56)의 외침이 들려왔다. 하루에도 몇 번이나 들려오는 소리라 그냥 한 귀로 흘려들었다. 사고팔러 다니는 이가 한둘이랴 관심을 두지. 조금 있으면 등엔 멜빵을, 잎엔 북을 멘 아저씨가 지나간다. 아저씨는 북소리 '동동'에 이어 '구리모57)' 란 말을 덧붙였다. 그러니 아저씨는 '동동 구리모' 장수였다.

---

56) 일본에 수출할 가발을 만들 머리카락을 수집하러 다니는 사람.
57) '크림' 의 일본식 발음. 그러니 요즘으로 말하자면 화장품장수다.

다음날 아침 식사 시간이었다. 그날도 누나는 집에서 쉬고 있었고, 나는 학교에 가봐야 어차피 또 쫓겨날 거라는 생각에 찌푸린 얼굴로 숟가락만 튕기는데 누나가 내게 말을 던졌다.

"누나 머리 긴 게 좋니? 짧은 게 좋니?"

나는 별 생각 없이 "짧은 게 좋아." 그렇게 한마디 던지고 가방을 들고 일어섰다. 속으로는 "짧든 길든 다 안 좋다." 하고 싶었지만.

그날 여기저기 떠돌다 좀 늦게 들어왔더니 누나의 머리는 확 바뀌어 있었다. 머리가 여학생처럼 짧아진 게 아닌가.

"야 누나, 깔쌈하다."

정말 내 보기에는 전의 긴 머리도 좋았지만 색다른 짧은 머리가 더 어울리는 것 같았다. 내 말에 누나는 얼굴을 붉게 물들인 채 고개를 숙였고, 엄마는 부엌에다 눈을 주고 있었다.

"누나, 뒤로 돌려봐."

엉덩이까지 내려오던 모습이 어떻게 변했는가 하여 뒷모습이 보고 싶었다. 그러나 누나는 고개를 숙이고 있을 뿐 돌리려 하지 않았다. 그래서 누나 뒤를 보려고 일어서 발을 옮기려는데 평소 화를 잘 내지 않던 엄마가 꽥 소리를 질렀다.

"이 문디 자슥아! 아모리 철이 없다캐도……."

그러고는 더 말을 잇지 못했다. 나는 그 서슬에 누나의 뒷모습 보는 걸 포기해야 했다.

다음날 나는 기성회비를 들고 학교에 갔다. 그리고 한동안 쫓겨나지 않고 수업을 받을 수 있었다.

아이스케키 장사와 소나기

여름날이면 예나 제나 아이들은 아이스크림을 찾는다. 더위에 한 입 가득 담고 빨아먹는 맛을 그 무엇에 비기랴. 옛날의 아이스케키와 이제의 아이스케키는 이름58)과 모양59) 면에서 차이가 있지만 아이들이 좋아하는 정도는 같다.

그때는 아이들이 할 수 있는 아르바이트 자리가 그리 흔치 않았다. 신문배달이야 하려 들면 쉬 얻을 수 있었지만 아침에 일찍 일어나야 하는 부담감과 노력에 비해 수입이 적어 택하는 이가 적었다. 즐기면서, 먹으면서, 돈 버는 일로 으뜸이 여름에는 아이스케키 장사요, 겨울에는 찹쌀떡 장사였다.

내가 아이스케키통을 어깨에 멘 까닭은 물론 용돈 때문이다. 어른만 돈이 필요한 게 아니라 아이도 필요하다. 어른은 살기 위해서라면 아이는 놀기 위해서라는 점이 다르지만……. 아이들은 구슬을 사야 하고, 딱지를 사야 하고, 과자도 사먹어야 한다. 그러나 집에서 돈을 얻기란 별

---

58) 호칭 면에서 차이가 있다. 옛날에는 아이스케키, 이제는 아이스하드.
59) 지금은 둥글거나, 네모지거나, 넓적한 것 등 다양하지만 예전에는 둥근 것 하나뿐이었다.

똥이 떨어진 지점을 찾는 일만큼이나 어려웠으니…….

아랫집 경찬이는 만나기만 하면 나를 세뇌시켰다. 아이스케키통을 메기만 하면 돈을 벌 수 있다고. 필요로 하는 돈이 들어올 수 있다는 기대와 아버지나 누나에게 들키면 끝장이라는 갈등 속에서 며칠을 망설이다가 결국 돈을 택했다.

아이스케키 장사를 하려면 우선 도매상을 찾아간다. 그런데 거기는 신문배달부처럼 빈손으로 갈 수 없다. 일정한 돈을 맡겨야 한다. 혹 아이스케키통을 깨뜨리거나 갖고 튈 때를 대비한 통값과 50개 분량의 아이스케키 값. 그러니까 미리 돈을 주고 통과 아이스케키를 사오는 셈이다.

갈등은 오래, 실천은 금세였다. 아버지가 돈을 넣어두는 천장 위 작은 구멍 속으로 손을 뻗쳐 십 원을 빼냈다. 겁이 나기는 했지만 빨리 벌어와 저녁에 아버지가 돌아오기 전에 거기 넣어두면 된다는 생각이 겁을 덜게 했다.

장소는 북성극장 주변을 택했다. 거기는 서면 극장가에서 유일하게 외화를 개봉 상영하다보니 사람들의 드나듦이 많은 곳이었다. 경찬이와 함께 거기 아이스케키 도매상으로 갔다.

장사를 잘하려면 잘 파는 것보다 잘 녹지 않도록 하는 게 더 중요하다. 녹은 아이스케키와 그렇지 않은 아이스케키는 비교도 할 수 없다. 그런 점에서 아이스케키통을 잘 골라야 한다. 아이스케키통은 겉은 나무로 돼 있고, 속은 코르크[60]가 얇게 덧대진 형태다. 그런데 간혹 덧대

---

[60] 와인병 뚜껑 코르크마개의 재질과 같은 나무. 요즘 같으면 스티로폼을 사용했겠지만 그때는 스티로폼이 개발되기 전이라 코르크나무를 썼다.

진 코르크가 떨어져나가고 나무만 남은 통도 있어 경험이 많은 애들은 그 통을 피했는데 경험이 적은 우리는 나무만 남은 통을 배정받았던가 보다.

　아이스케키 판매고는 통과 더불어 억양도 한몫한다. 첫음절에 강세를 주느냐 둘째음절에 강세를 주느냐에 따라 손님에게 주는 인상이 차이가 난다. 즉, 아~이스케키, 아이~스케키, 아이스~케키에 따라 다르다. 신출내기인 우리 둘은 부끄러움이 채 가시지 않아 그런 걸 제대로 읽어낼 줄 몰랐다.

그래도 처음 몇 개는 잘 팔렸다. 그러나 시간이 가면서 아이스케키 녹은 물이 통 밖으로 새나오면서 일이 커졌다. 50개 한 통을 받아 겨우 열 개 남짓 처치한 터에 녹아내리니……. 할 수 없이 한 개에 10환 하던 걸 두 개, 세 개, 나중에는 다섯 개까지 주겠다고 했지만 사가는 사람이 없었다. 마침내 열 개까지 늘려보았지만 꼬챙이에만 살짝 달라붙은 걸 사려는 사람이 나서지 않음은 당연한 일.

주인아저씨에게 통값으로 미리 낸 돈 대신 아이스케키 30개를 사정사정하여 다시 매고 나왔다. 그때도 통 문제라고는 생각하지 못했다. 사람들이 빨리 사지 않아 그렇다고. 그러나 역시 이번에도 몇 개 못 팔고 다 녹아버렸고, 나는 두 시간 만에 아버지 몰래 훔쳐온 돈을 다 날리고 말았다.

아버지에게 맞아죽거나 집을 나가거나 둘 중 하나를 선택해야 할 지경에 이르러 한 가지 방법이 더 떠올랐다. 집으로 갔다. 아무도 없었다. 다시 천장 구멍 속으로 손을 넣었다. 이번에 잘 팔면 돈을 채울 수 있으리라는 기대감에서.

다시 아이스케키통을 멨다. 이번에는 기대를 저버리지 않고 스무 개가 순식간에 팔렸다. 이제 드디어 돈을 벌 수 있겠구나 하는 심정에 불알에 요령 소리 나듯 뛰어다니는데, 아…… 갑자기 하늘이 캄캄해지면서…… 소나기가 쏟아지는 게 아닌가. 극장 앞 간판 아래로 뛰어가 비를 피했지만 빗줄기만큼이나 통 아래로 아이스케키 녹은 물이 줄줄 흘렀고, 내 눈에서도 눈물 콧물이 하염없이 흘러내렸다.

그날 우리 둘은 가출을 했다. 가출했다고 했으나 동네 뒷산 우리들의 아지트로 갔을 뿐. 그곳은 낮에 놀 때 햇빛을 가리고 비를 피하기 위해 오리나무 등으로 서까래를 만들고 칡넝쿨을 덮어 만들어놓은 움집 같은 곳이었다.
 둘은 누웠다. 산 속의 밤이 깊어가면서 좀 무서웠지만 둘이 있다는 사실에 서로 껴안고 얘기하다 저도 모르게 어느새 잠이 들었던가 보다. 갑자기 들려온 소리와 불빛에 눈을 뜨는 순간 나는 멱살이 잡혀 저절로 일어났다. 아버지였다.

 아버지는 내가 들어오지 않자 친구들을 불러 물었던가 보다. 친구들을 통하여 저지른 잘못으로 집에 들어오지 못해 어딘가 피신했음을 짐작했을 테고, 그곳을 다시 수소문했던 모양이다.
 어두운 불빛 아래서도 화가 잔뜩 난 아버지의 얼굴이 들어오는 순간 진짜 죽었구나 하는 생각이 아찔해졌다. 그리고 이내 마당까지 끌려와 땅에 패대기쳐졌다. 그런데 아버지의 매가 떨어지기 전에 내 뺨에 불이 났다. 누나였다. "누가 너더러 돈 벌어오랬나!" 하는 소리에 이어 마구마구 욕을 하면서 다시 빈대쪽 뺨에 불이 났다. 누나의 손찌검에 이어 엄마가 나섰다. 엄마 역시 뺨을 때리고 "이런 놈은 맞아죽어야 된다." 하며 마구 야단을 쳤다. 아마 태어나 처음으로 누나와 엄마에게 맞았을 게다.
 나는 누나와 엄마가 저리도 화를 내는 걸 보고 정말 아버지에게는 죽었구나 하는 마음에 간이 점점 작아져 좁쌀만 해졌다. 누나와 엄마 두 사람의 체벌과 욕을 고스란히 받던 중 아버지의 소리가 들렸다.
 "마, 고마 해라! 내가 야 직일 줄 알고 너거가 그러제. 됐다 마. 니는 퍼뜩 씻고 들어가라."
 그걸로 끝이었다. 불안감으로 방에 가서 재빨리 이불을 뒤집어쓰고 누웠는데도 내 옆에 가만히 눕는 아버지의 기척만 느껴졌을 뿐 다음날도 아무 일 없었다. 정말 아무 일 없었다. 사건은 엄청났지만 정말 아무 일 없이 지나갔다.

예배당에 갔더니

나이 좀 든 이들에게는 교회란 말보다 예배당이란 말이 귀에 익을 게다. 그 예배당이라는 데를 여섯 살 무렵부터 다니게 되었다. 아니 다닐 수밖에 없었다. 커서 들은 얘기로는 우리가 세 들어 살던 팔칸집 주인아저씨가 예배당의 장로였는데, 은근히 압력을 넣었다 한다. 당시에 집주인의 위세는 하늘을 찔렀으니…….

다른 가정에서는 어른들이 나갔는데 우리 집에서는 내가 갈 수밖에 없었다. 아버지는 절대로 예수 꼬랑댕이[61]는 될 수 없다 하셨고, 엄마도 그런 아버지를 따랐고, 누나들은 모두 공장에 다녀 일요일에도 잔업 하느라 다닐 수 없었으니 내가 선택됨은 필연이었다.

장로님의 전도술은 아주 대단했다. 예수님은 사흘 만에 부활하셨지만 나는 나간 지 시흘 만에 열렬한 신자가 되었다. 처음 간 그날이 이브였고, 다음날이 크리스마스였으니 어린애가 빠져나갈 수 있었을까. 생전 처음 들어보는 찬송가, 생전 처음 보는 성극무대, 그보다 절로 침을 흘

---

61) '꼬랑댕이'는 '꼬리'의 경상도 사투리인데, 예수님 꼬리란 말이 된다. 결국 예수님을 추종하는 무리란 뜻이니 기독교인을 낮춤말이다.

리게 한 성탄떡을 입에 대는 순간 하느님의 착실한 어린 종이 되고 말았다. 그리고 노래 역시 무척 재미있었다. 아직도 기억나는 것 중에,

"다람쥐가 재주넘는다. 폴짝폴짝 재주넘는다. 다~람쥐가 재주넘는다."

이 노래 말고도 〈꼬마교통순경아저씨〉를 배웠으나 불행히도 가사가 기억나지 않는다. 초등학교 들어갈 때쯤에는 제법 수준 높은 노래도 배웠으니 〈탄일종이 땡땡땡〉이란 노래였다.

"탄일종이 땡땡땡, 은은하게 들린다. 저 깊고 깊은 산골 오막살이에도 탄일종이 울린다……."

이런 좋은 노래만 기억하는 건 아니다. 오십 줄에 들어선 이라면 한 번쯤 들어봤으리라.

"예배당에 갔더니, 눈 감아라 해놓고, 신발 뚱쳐62) 가더라."

이 노래가 나온 배경을 살펴보면 쓴웃음이 절로 나온다.

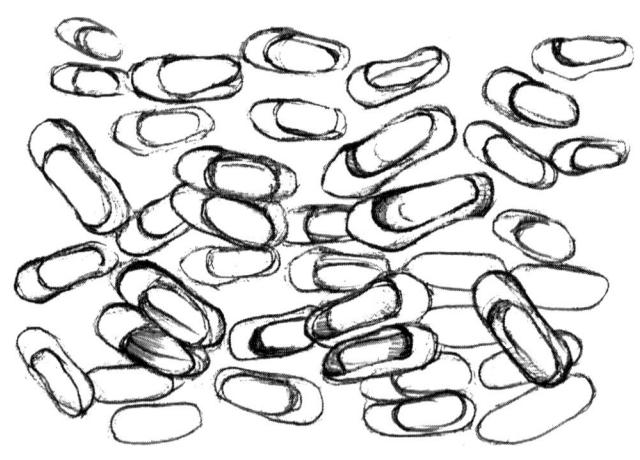

---

62) '훔쳐'의 경상도 사투리.

당시 예배당은 지금처럼 신발장이 따로 있는 게 아니라 입구에 신발을 그냥 두고 들어갔다. 안도 지금과는 달랐다. 바닥이 맨땅이었는데 다만 앉을 자리만 긴 널빤지로 돼 있었다. 환경은 그처럼 열악했지만 진지함이나 신앙심은 어쩌면 더 깊었으리라.

그런데 어딜 가도 나쁜 이들은 있었던 모양이다. 예배보다 다른 데 관심 있는 이들이 헌 신발을 신고 와서는 남들보다 일찍 나가면서 새신발로 신고 갔다. 요즘처럼 신발의 형태와 회사가 다양했더라면 혹 다음에 보면 자신의 신발을 찾을 수 있을지 몰라도 그때는 오직 검정고무신뿐이었다. 아시다시피 검정고무신이 나오던 초기에는 동양고무에서 만든 기차 무늬가 새겨진 고무신뿐이었고, 다음으론 타이어가 새겨진 보생고무의 검정고무신이었으니 문수만 같다면 나의 것과 남의 것이 구별되지 않았다. 그걸 나쁜 이들이 노렸고, 또 그걸 빗대 노래가 만들어졌던 것이다.

노래보다 성경퀴즈가 나의 흥미를 끌었다. 다니던 예배당에서는 물론 지역 대회에 나가서도 상을 쓸어왔다. 상을 받다보니 더욱 신났고, 학교 공부보다 성경 공부가 우선이었다. 장로님의 부추김도 한몫했다. 성경 공부만 열심히 하면 하느님이 다 주신다는 것. 그 말을 곧이곧대로 믿었는지 어떤지는 몰라도 하여튼 예배당 다니는 그 시간보다 더 즐거운 시간은 없었다.

예배당 갈 때는 장로님 댁 가족과 함께 갔는데 3학년 때쯤인가부터는 옆집 바우 엄마랑 가게 되었다. 바우는 본명이 아니라 그 시절에는 아이가 태어나면 잘 죽었기 때문에 오래 살으라고 아이 이름을 따로 만들어 붙였는데 그 이름 중의 하나다. 당시엔 남자아이들 가운데는 개똥이, 똥

개, 바우[63], 돌쇠, 차돌이처럼 아무렇게 놔둬도 생명력 강한 존재의 이름이 붙은 이가 많았다.

바우 엄마는 과부였다. 바우와 그의 누나와 외할머니, 이렇게 넷이 살았다. 바우 엄마는 하는 일이 없었으나 먹고 사는 데 지장이 없었다. 바우 외할머니가 이름난 무당이었기 때문이다. 엄마가 무당이고 딸이 예배당에 다닌다고 하여 무슨 문제가 있으리라고는 어린 나로서는 상상도 못했다.

우리가 사는 집도 팔 칸이고 여덟 가구라 조용할 리 없건만 옆집 바우네는 더했다. 조용히 넘어갈 때가 없었다. 굿을 할 때야 어차피 밤을 지새우니까 잠까지 방해받았지만 굿을 하지 않을 때도 시끄러웠다. 늘 엄마와 딸의 싸움이었다. 무당인 엄마와 예배당 다니는 딸의 싸움이 어떻게 결말지어졌는지는 모르나 일요일 아침이면 나를 데리러 오는 바우 엄마의 얼굴에는 전날의 싸움의 흔적이 보이지 않았다.

그런데 언제인가, 바우네에서 여태까지 본 어떤 싸움보다 더 큰 싸움이 터졌다. 엄마와 딸의 싸움이 아니라 웬 아주머니 셋이 달려들어 일방적으로 바우 엄마를 패대기치는 싸움이었다. 그날은 바우 외할머니가 굿 하러 이웃 마을로 가셨던가 보다.

사람들이 몰려들었건만 아무도 말리지 못하고 구경만 할 뿐이었다. 세 여자의 억센 팔에 머리카락이 뜯겨나가고, 옷이 찢겨지면서 가슴까지 내보이는 상황에 이르고, 넘어진 바우 엄마를 "죽어라!" "죽어라!" "죽어

---

63) '바위'의 사투리.

라!" 하며 진짜 죽일 듯이 밟을 때가 되어서야 우리 엄마를 비롯한 동네 아줌마들이 달려들어 말려 겨우 소동은 수습되었다.

그런 일이 있고 나서 나는 예배당에 혼자 가야 했다. 바우 엄마는 예배당은 물론 집 밖에도 얼굴을 내비치지 않았다. 아무래도 그때 다쳐 누워 있는가 했다. 그런데…… 그런데 한 달쯤 지났을까, 조용하던 동네가 난리가 난 듯 시끄러워졌다. 바로 바우 엄마 때문이었다.

다시 사람들 앞에 모습을 보였을 때 옷차림이 예사롭지 않았다. 귀신 이야기의 주인공처럼 하얀 치마, 하얀 저고리 차림이었다. 그러나 옷차림은 다음에 이어지는 행동에 비하면 아무것도 아니었다. 누구를 보지도 않고, 누가 불러도 듣지 못하는 양 타작마당을 향해 뛰어가 거기에 이르더니 갑자기 옷을 찢어버리면서 "죽여라!" "죽여라!" "죽여라!" 하고 외쳤다.

남자 어른들과 우리 같은 꼬마들은 킬킬거리고 웃는 반면 아줌마들은 질겁했다. 연락을 받은 바우 외할머니가 치마를 들고 와 감쌀 때까지 그런 모습으로 있었다. 처음 한동안은 한 달에 한 번쯤이었던 것 같은데, 일주일에 한 번씩 그런 일이 있으면서 바우 외할머니가 큰 결심을 했던가 보다. 하루는 울 엄마가 콩나물 다듬으면서 눈은 바우네를 보며 혼잣말 하듯이,

"아이고 바우 엄마 팔자도…… 서방 잃고 혼차 실면서도 참말로 뜨시게 사는갑다 캤더니만…… 만다꼬 예배당에는 나가가지고 냄편 있는 남자를 알았을꼬. 쯧쯧…… 바우 외할매 속이 속이 아닐 끼다. 자기 외딸만은 무당질 안 시킬라꼬 그리도 애써쌌더니만…… 결국은 내림굿을 하능가 보네."

그날 밤 늦게까지 다시 굿소리가 울려 퍼졌다. 오색찬란한 활옷을 입은 바우 외할머니를 중심으로 다섯 명의 무당이 무릎을 꿇은 바우 엄마를 둘러싼 채 징을 치고, 대나무를 흔들고, 땅을 굴리고, 칼춤을 추고, 온몸에 뭘 뿌리고……. 나와 꼬마들은 처음에는 신기한 광경에 집중했으나 이내 눈꺼풀이 내려앉았다. 하지만 다른 때와 달리 굿상 위에 높이 솟은 음식에 눈독을 들이며 잠을 몰아내려 할 즈음이었다.

징소리가 더욱 높아지며 무당들의 춤사위가 격렬해질 때 갑자기 굿하는 가운데서 웬 소리가 났다. 바로 "죽여라!" 하는 외침이었다. 이어 그때까지 얌전히 앉아 있던 바우 엄마가 일어나면서 "죽여라!" 하는 소리를 내지르며 가슴을 쥐어뜯기 시작했다. 돌발적인 상황에 무당들이 달려들어 도로 앉히려고 양팔을 잡아당겼으나 워낙 세게 휘두르는 바람에 하나 둘씩 나가떨어지자 바우 엄마가 구경하는 사람들 속으로 뛰어들었다. 전혀 예상치 못했던 사태에 사람들이 찢어지듯 비명을 내지르고, 이어 그 소리가 가라앉을 즈음, 바우 엄마는 어디론가 사라지고 보이지 않았다.

다음날 아침 바우 엄마는 타작마당의 당산나무에 목을 맨 채로 발견되었다. 그리고 보름도 안 돼 바우네가 이사를 가고, 한동안 동네 사람들의 입에서는 그 집 이야기가 떠돈 모양이나 아이들은 그리 자주 찾던 백곡마당에 가지 않았을 뿐 기억 속에서 사라져갔다.

이제사 바우 엄마와 그 남자, 그리고 몰려왔던 세 여자의 관계를 충분히 유추해 낼 수 있다. 다만 아프다, 바우 엄마의 사랑이. 그리고 너무 슬프다, 그렇게 끝낼 수밖에 없었는지.

지우고픈 연탄가스의 추억

내 몸이 지닌 다섯 감각 중 성능이 가장 뛰어난 게 후각이다. 누구보다 먼저 맡으며, 웬만한 냄새는 그 종류를 금방 알아낸다. 아내는 가끔 나더러 "아무래도 어릴 때 별명이 '개코'였나 봐." 하는데 그런 별명을 가진 적은 없으나 냄새만은 잘 맡는다고 다들 인정했다.

아시다시피 냄새를 잘 맡는 건 이로울 때도 있지만 그렇지 않을 때가 더 많다. 지금과 달리 없는 아이들은 공고나 상고를 택했고 나도 예외가 아니었다. 공고 중에서도 화학과로 진학했기에 대학을 갈 수밖에 없었다고 하면 이해가 될까. 냄새 때문이었다. 화학실험실의 그 냄새. 이 길로 가면 제대로 살지 못하고 얼마 안 가 죽을 것 같다는 판단에 대학 진학이라는 무리수를 둬야 했다. 전공도 결국 화학과는 전혀 관련 없는 국문과를 택해야 했고.

그뿐 아니다. 공해 냄새를 누구보다도 먼저 맡는다. 울산이 공업단지라 공해가 많은 곳으로 알려졌지만 내가 근무하는 동구는 중공업이 곁에 자리하고 있으나 냄새를 별로 풍기지 않는다. 그러나 날이 흐린 날 기압이 낮아지면 장생포 너머 화학공단 쪽에서 냄새가 날아온다. 하수구 썩는 듯한 냄새가 나는데 남들은 그 냄새를 못 느끼다가 아주 심해져야 "야, 이거 무슨 냄새야?" 하고 말을 꺼낸다. 나는 그때쯤이면 '오늘은 아황산가스가 암모니아가스보다 많이 포함됐네, 아니면 오늘은 암모니아가스가 더 많이 섞였구나.' 라고 분석까지 하는데.

어릴 때 우리 마을에는 칠공주집이 있었다. 말 그대로 딸이 일곱인 가정이다. 그러다가 나중에 막내로 아들이 하나 더 불면서 칠공주집이란 말이 쑥 들어가고 '기호네집' 이 되었다. 오랫동안 오공주집, 육공주집, 칠공주집 하고 써오던 이름이 아들 하나 태어나면서 끝나버렸다.

두 말할 필요 없이 그 애는 가족의 사랑, 아니 걔 아버지의 사랑을 독차지하면서 자랐다. 걔는 우리보다 두 살 어렸지만 함께 놀았다. 머스마답다기보다 꼭 가시나처럼 생겨 녀석을 끼워주지 않으려 했으나 또래의 놀이에 끼워준 건 순전히 걔 아버지 때문이었다. 아니 틈틈이 가져다주는 과자 때문이었다고 함이 정확한 표현이리라.

그 시절에는 다들 연탄을 피웠다. 나중에 연탄을 이용한 온수온돌이 개발되기 전까지는 연탄불길이 직접 방고래를 따라 들어와 데우는 구조로 돼 있었다. 그러니까 이전에 장작불 땔 때 매이 구조를 바꾸지 않고 그대로 이용했다는 말이다. 그러니 연탄의 불길이 잘 들어와 방은 뜨거웠지만 방바닥이 부실하여 가스가 새는 경우가 흔했다.

겨울이면 많은 집에서 인명사고가 났다. 죽는 사람도 생기고, 머릿속을 가스가 한 바퀴 휘돌다 간 탓에 바보멍청이가 된 사람도 있었다. 다행히 우리 집에선 연탄가스로 인한 사고는 한 번도 일어나지 않았다. 나 때문이었다. 아버지와 함께 자던 방은 부엌에서 바로 이어지는 곳이었는데, 나 때문에 한 번도 가스 중독이 되지 않았다. 아무리 깊이 잠들었어도 연탄가스를 조금만 맡으면 깨어났다. 냄새에 예민했던 비강 구조가 가족을 살렸다고나 할까.

산동네를 책임지던 연탄 배달부는 한 사람이었다. 우리 동네에 연탄을 배달하려면 한길에서 아랫동네까지 리어카로 싣고 와 다시 지게에 지고 올라와야 했다. 한동안 우리 동네에 연탄을 잘 배달해주던 아저씨가 어느 날 배달을 하지 않겠다고 선언했다. 이유는 아랫동네보다 산동네가 더 힘이 들기에 돈을 같이 받을 수 없다는 것. 결국 아랫동네보다 좀 더 돈을 부쳐주기로 약속된 상태에서 다시 배달을 재개했다. 잘사는 아랫동네보다 못사는 산동네 사람들이 더 비싸게 연탄을 들여놓아야만 하는 역설이 그래서 생겨났다.

기호네 집은 방이 두 개였다. 그 집에서 밥을 먹을 때와 잠을 잘 때 보면 재미있다. 방 하나에 아버지와 아들이, 또 다른 방 하나에 딸 다섯이, 요즘 같으면 거실(사실 거실이라기보다는 부엌을 쪼개 만든 공간)에 엄마와 딸 둘이 잤다. 밥 먹을 때는 아버지와 아들이 조그만 상에서 먹고, 엄마와 딸 일곱은 돌가루 푸대를 깔아놓은 곳에 밥과 반찬을 놓고 먹었다. 반찬도 달랐음은 물론이다.

어느 해 겨울, 시골에 살던 기호네 할머니가 돌아가시는 일로 가족이 모두 시골로 가 며칠 머물다가 밤늦게 돌아오는 일이 생겼다. 며칠 비웠기에 당연히 연탄이 꺼져 있는데다가 연탄까지 딱 떨어졌던가 보다. 웬만하면 하룻밤 좀 춥더라도 이불과 서로의 체온으로 버텼으련만 기호 때문에 걔 아버지는 연탄 소매점에 가 두 장을 갖고 왔다.

가다귀를 구해 불을 피우고 거기에 연탄을 붙이는 등 애를 써서 겨우 연탄불을 피웠다. 물론 아버지와 아들이 자는 방에만. 그리고 다음날 아침 사건은 크게 벌어졌다.

기호 엄마의 비명 소리에 놀란 마을 사람들이 몰려갔을 때 기호는 이미 숨이 끊어져 있었고, 걔 아버지는 기식이 엄엄했던 모양이다. 동치미 국물을 들이붓고 야단도 그런 야단이 없었다. 덕분에 아버지는 살아났고.

허나 살아도 산 것 같지 않은 삶. 다음날 걔 아버지가 한 말이 마을을 떠돌아다녔다.

"아이고, 저 놈의 고추를 내가 우찌 맹글었는데, 우찌 맹근 긴데."

그 다음날이 되자 기호는 뒷산에 묻혔고, 그 뒤로 우리들의 기억 속에서 사라져갔다. 우리들은 더 이상 기호 이름을 떠올리지 않았다. 가끔 걔 아버지가 갖다 주던 과자맛과 '저 놈의 고추를 우찌 맹글었는데' 하는 말만 떠올렸을 뿐.

제4부

달내마을 이야기

달내마을의 가을걷이를 통하여 배우는 교훈

"정 선상 댁잉교?"

"네, 그렇습니다만……. 누구십니까?"

"마…… 요 밑에 구어댁 아닝교."

"아, 네…… 안녕하십니까? 그런데 무슨 일로……."

"담벼락에다 머 좀 갖다놨심더."

그 말에 이내 전화를 끊고 나가보았다. 그리고 현관 바로 못 미쳐 돌계단에 살포시 기댄 쌀자루를 보았다. 그러고 보니 태백이가 짖는 소리를 새벽녘에 들었던 것 같다. 뭔 일인가 하여 뒤따라 나온 아내가 쌀자루를 보더니,

"아이구 이 일을 어쩌나……." 한다.

아내나 나 대번에 쌀자루의 사연을 눈치 챘다. 구어어른께서 편찮아 대학병원에 종종 다녀야 했는데 직장 가는 길이라 태워줬더니 그 사례로 갖다놓은 것이리라. 혹 이런 일이 일어날까 봐 몇 번이나 다짐을 주었는데……. 넓은 차에 혼자 가는 것보다 한 사람이라도 더 태우면 제 마음도 편하니 절대로 폐 끼친다 여기지 말라고. 만약 부담을 느껴 뭐든 갖고 오시면 다시는 태워드리지 않겠다고 엄포(?)를 놓았는데도 결국 헛수고였다.

그냥 있을 수 없어 전화를 했다. '사례를 바라고 한 게 아닌데, 이러시면 안 된다고.' 그러나 "우째 사램이 가만있을 수 있능교? 은혜를 입으면 갚아야재. 나락 거둘 때부터 생각해놓은 기니 마 더 소리 마소. 쪼매밖에 못 주는 기 매음 아프지만 올 처음 찧은 기라 밥맛은 있을 낍니더." 했다.

흔히 쓰진 않지만 '부지깽이가 곤두선다.'는 속담이 있다. 아궁이에 척 하니 드러누워 있어야 할 부지깽이도 누워 있을 틈이 없이 곤두서서 돌아다닌다는 뜻으로, 어떤 일이 몹시 바쁜 경우를 비유적으로 이르는 말이다. 바로 이맘때의 시골이 그렇다.

아침식사 후 벼를 첫 수확했다는 구어댁 아주머니의 말씀을 들었던 터라 혹 도와줄 게 없나 하여 나섰다. 나가보니 정말 군데군데 가을걷이가 진행되고 있었다. 나는 직접 농사짓지 않는지라 그동안 한창 바쁜 농사철인데도 모르고 지나쳤다.

그러나 내가 도와줄 건 별로 없었다. 몸이 불편한 아버지를 대신하여 구어어른의 아들이 바인더를 이용하여 벼를 자르면, 아주머니가 뒤를 따라 가며 일일이 늘어놓는다. 워낙 작고 좁은 다랑이논들이라 콤바인 같은 덩치 큰 기계가 아니라도 바인더만 있으면 금세 다 자른다. 게다가 수확량도 적으니 따로 벼를 건조기에 넣지 않고 논에다 바로 말린다. 그러니 우리 달내마을 쌀은 낟른 곳보다 맛이 좋다. 맛뿐인가, 외떨어진 산골이라 병충해도 적어 농약을 거의 살포하지 않으니 몸에는 더욱 좋고.

만류를 하는데도 아주머니를 도와 몇 번 옮겨놓았으나 그예 논에서 쫓겨나고 말았다. 이유는 '걸거친다[64]'였지만 내가 힘들까 봐 그러는

---

64) 거치적거리다.

걸 잘 알기에 물러나야만 했다. 이왕 밖에 나온 김에 이곳저곳을 둘러보자는 마음에 발길을 옮기는데 좀 이상한 광경을 보았다. 내가 알기로 분명 금산댁 할머니의 논인데 감골 어른께서 일하시는 게 아닌가. 궁금하여 묻지 않을 수 없었다.

"어르신, 그 논은 금산댁 할머니 논 아닙니까?" 하는 말에,

"맞십니더."

"그런데……."

"아즉 우리 나락은 쪼매 더 말라야지만 이 할매 논은 다 말랐으니께 일 손 놀 때사 도와조야조." 하신다.

금산댁 할머니는 홀로 사신다. 혼자서 얼마 되진 않지만 밭농사 논농사를 짓는다. 잔손 가는 일은 짬짬이 하면 되지만 모내기와 추수할 때가 되면 혼자서는 할 수 없고 누군가의 도움이 필요하다. 돈을 주면 전문적으로 해주는 이가 이웃동네에 있지만 그러면 '쌔빠지게65)' 농사지어도 남는 게 없다. 그러니까 어르신은 당시의 논일은 아직 멀었으니 다음에 하고 할머니의 가을걷이를 도와주신다는 말씀이다.

재작년 태풍 '나비'가 왔을 때 우리 마을에도 비가 엄청나게 쏟아졌다. 그날 저녁, 마을 한쪽의 주말주택으로 사용하던 집 주위에 사람들이 몰려들었다. 주인이 없던 차에 쏟아시던 물줄기가 길을 넘어 그 집 쪽으로 쏠리는 걸 누군가 본 모양이다. 뉘가 따로 말한 것도 아닌데 어른들 손에 삽과 괭이가 다 들려 있었다. 아마 그때 물길을 다른 곳으로 돌리지 않았더라면 그 집은 내려앉았을지 모른다. 이런 건 도시에 살았더라면 보지 못할 일이다. 거기서는 비가 내리든, 눈이 오든, 바람이 불든 옆집에 신경 쓰지 않았다. 내 집만 있을 뿐.

---

65) '혀 빠지게'. 혀가 빠져나올 만큼 일할 때 쓰는 말.

내친 김에 산으로 발을 옮겼다. 오르는 길에 산음댁 할머니네 밭에 어린 시금치 순이 돋아나고 있는 걸 보았다. 아직 싹은 보이지 않지만 옆 밭에는 보리도 심었을 터. 할머니는 언제나 무엇이든 심고 나면 "너거들 내를 바서 잘 살아야 한대이!" 하는 말을 꼭 건넨다. 이제 시금치와 보리는 할머니의 사랑을 안고 겨울을 지낼 것이다. 겨울을 이겨내면서 맛과 영양을 갖춘 곡식으로, 채소로 거듭나리라.

흔히 우리는 가을을 수확의 계절, 즉 거둬들이는 계절로 알고 있다. 그 말은 사실이다. 가을엔 농사 중 으뜸인 벼를 수확하기 때문이다. 그러나 가을은 거둬들이는 일 말고 또 다른 일이 있다. 씨앗을 뿌리는 계절이기도 하다. 사실 뿌려지는 씨앗은 몇 안 된다. 보리, 시금치, 겨울초, 양파, 마늘 등. 그래도 가을걷이가 끝난 논과 밭에 소똥을 잔뜩 실어다놓는다. 이때가 땅 힘을 돋울 수 있는 좋은 기회이기 때문이다. 수확에 이르기까지 땅의 영양을 다 뽑아먹었으니 내년을 위해 보충해야 할 터.

그뿐 아니다. 봄, 여름, 가을 거둬들인 곡식과 채소의 씨앗은 내년을 위해 갈무리된다. 그러기에 어느 집 할 것 없이 처마 밑에는 씨옥수수가 내걸리고, 살강에는 호박씨·상추씨·콩알 등이 한지에 쌓여 내년 봄을 기다린다. 가을 뒤에 겨울이 오지만 가을은 겨울을 보지 않는다. 그의 눈은 봄을 보고 있을 뿐.

산에서 내려오는 길에 의성댁 할머니를 만났다. 어제 오늘 벼메뚜기를 많이 잡았다면서 좀 팔아 달라 하신다. 할머니는 농사가 거의 없기에 봄이면 나물, 여름이면 오디, 가을이면 다래, 머루, 영지버섯 등을 따거나 벼메뚜기를 잡아 볶아서 판다. 그러니 생활이 무척 어렵다. 그걸 알기에 나는 기회 있을 때마다 할머니의 상품(?)을 직장에 가서 판다. 워낙 인기가 있어 파는 건 일도 아니다. 품질이 우수하고 또 매우 헐하기 때문이다.

산나물을 뜯으려면 산골인 우리 마을에서도 한 시간은 더 산을 타야 하고, 뽕나무 열매인 오디도 허리가 아플 정도로 시간을 던져야 한다. 뿐인가. 다래, 머루, 영지버섯 등은 길도 없는 산길을 몇 시간이나 헤치고 다녀야 팔 만큼 딴다. 그런데 할머니의 상품을 팔려고 할 때마다 실랑이를 하게 된다. 그 노력에 비하면 너무 헐한 값을 부르기에 좀 더 높은 값을 받을 수 있다고 해도 이런 말로 내 말을 자른다.

"마…… 나가 약 치고 거름 주고 키운 기 아이라 공으로 얻은 긴데, 욕심 부리몬 안 되지예. 나가 시킨 대로 쪼끔만 받으소."

우리 마을 어르신들은 분명히 나보다 학교 교육을 덜 받았고, 나보다 생활도 여유롭지 않고, 나보다 젊지도 않지만 분명 나보다 훨씬 따뜻하고 넉넉한 마음을 가졌다. 내가 하나를 주면 도로 둘을 내주신다. 그리고 어른들은 여태까지 내가 그냥 지나쳐버렸던, 그러나 지나쳐서는 안 되는 일들에 대한 관심을 일깨워주셨다.

이분들은 내가 읽은 어떤 책의 주인공들보다 더 많은 가르침을 주었다. 책에서 만난 위인들은 그 나름의 가르침을 주었지만, 곁에서 직접 '더불어 사는 삶의 아름다움'을 보여주는 그 가르침에 비할 수 없다. 이분들이야말로 바로 나의 참 스승이시다.

(월간 〈마음수련〉 2007년 11월호)

시골 어르신들의 따뜻한 말 한마디

　어제 밀린 일을 처리하느라 늦게 잔데다가 오늘 직장에 가지 않아도 되어 이불 속에서 계속 밍기적밍기적거리고 있으려는데 밖에서 개가 자꾸만 짖어댄다. 이 시간 때면 녀석들에게 똥 눌 기회를 주러 밭 저쪽에 옮겨줘야 했기에 그러는가 하여 밖을 보니 비가 제법 내리고 있어 다시 이불 속을 파고들었다.

　그래도 시간이 지나면 일어나야 하는 법. 더 이상 누워 있을 수 없어 깨어나 보니 아직도 비는 하염없이 내리고 있다. 그제야 태풍의 영향으로 계속 비가 내리는 걸 깨달았지만 적당히 내리는 비는 몰라도 줄기차게 오는 비는 역시 싫어 어떻게 할까 하다가 피해는 없는지 주변을 살펴봐야 했기에 문을 열었다.

　그런데…… 현관문을 열고 나가자 문 앞에 제법 실하게 묶인 열무 두 단이 놓여 있는 게 아닌가. 아까 개 짖는 소리가 났을 때 누군가 우리 집 현관에 놓고 갔으리라는 생각이 퍼뜩 스쳐 지나갔다. 그동안 이런 일이 한두 번이 아니었으므로.

　누군가 궁금했다. 맑은 날도 아닌 오늘처럼 쏟아지는 빗속을 뚫고 와 놔두고 간 이가 누군지. 물론 몇 사람이 눈앞에 떠올랐다. 아내더러 전화하라고 했다. 짐작에 처음 짚은 산음할머니가 주인공이지 싶었다. 그래서 아내도 요령껏 물었다.

> 아내: 왜 또 열무 두고 가셨어요?
> 할머니: 나가? 무신 열무를?
> 아내: 에이, 다 알아요. 할머니가 갖다놓으셨지요?
> 할머니: 구신이 갖다놓았는갑네.
> 아내: (웃으며) 그러면 할머니가 귀신이시겠네요.
> 할머니: 아이구, 나가 구신이었으면 억수로 좋겠다.

그 뒤로 몇 마디 더 이어졌고, 그리고 전화는 끊어졌다. 새벽에 양남장에 가는 길에 가져다놓았다는 것.
열흘쯤 전에는 또 다른 할머니에게서 전화가 왔다. 급한 일이 있으니 집으로 오라는 전갈. 깜짝 놀라 아내가 달려갔다. 느림의 시계바늘만 돌아가는 시골에서 급한 일이라면 심각한 일이라는 생각에. 그런데 돌아온 아내의 손에는 감자 한 자루가 들려 있었다. 급한 일이라고 하지 않으면 오지 않을까 봐서 일부러 그러셨다나.

보름 전에는 메주콩을 심어놓고 난 뒤 할머니와 까치 사이에 일어난 처절한(?) 투쟁을 기억한다. 콩의 떡잎이 보일 때쯤 그걸 따먹기 위해 때 지어 날아온 까치들을 막기 위해 쉼 없이 헌 냄비를 두들기면서 할머니가 하시던 말씀을.
"야 이눔들아, 쪼매만 묵고 가라. 제발 쪼매만 묵고 가라."
그러니까 조금 파먹고 가는 건 허락해주겠는데 완전히 콩밭을 작살내지는 말아달라는 것. 그러나 새들이 염치를 어찌 알랴. 일주일 가까이 매일 녀석들과 싸우던 할머니가 하루는 녀석들에게 엄청난 공갈 협박(?)을 했다. 우리 집 감나무의 까치집을 올려다보며 한마디 했다.

"야 이눔들아, 너거가 정 그라몬 내가 너거 집 완전히 뿌사삘 기다."

그러나 녀석들이 정말 콩밭을 작살냈는데도 감나무의 까치집은 아직 그대로 있다.

한 번은 이런 일도 있었다. 내가 밖에 나가 있는 사이에 일어난 일이다.

아내가 밤이 되어 황토방에 불 지피러 현관문을 열고 나오다가 깜짝 놀랐다고 한다. 현관 바로 아래 커다란 물체가 웅크리고 있어서였다. 얼마나 놀랐던지……. 늦게 들어간 내게 만약 애를 뱄더라면 아마 떨어졌을 거라고 한다.

급히 거실로 들어와 창을 통해 바깥을 내다보았단다. 가만히 보니 노루 아니면 고라니였다. 시골어른들로부터 노루는 사람을 해치는 동물이 아니라고 들었지만 그래도 무서움이 가라앉지 않아 아래 산음어른 댁에 연락했더니 어르신께서 금방 올라오셨다.

손에 막대기를 들고 오시기에 '아, 저걸로 놈을 때려잡거나 위협하겠지' 했는데……. 할아버지는 노루를 보며 지팡이로 뎃돌을 톡톡 치며 이렇게 말을 했단다.

"야 이눔아, 요긴 니 올 데가 아이다. 여는 사램 사는 데고 너거 사는 데는 조 골짜기다."

그래도 움직임이 없자,

"퍼뜩 너거 집으로 가거래이. 여 있으면 다친다카이!"

제법 힘주어 하는 말에 그제서야 일어나 어슬렁거리며 가더란다. 도무지 믿어지지 않았다. 노루가 사람을 보고도 움직이지 않았다는 것과 사람의 꾸짖음에 물러났다는 말이.

우리 마을 어르신들은 어떤 땐 귀신이 되고, 우렁이각시도 되고, 천사도 되고, 동물과도 말을 주고받는다. 그냥 한마디 한마디 던지는 말들이 따스하다. 좀 투박한 듯하지만 꾸밈도 없고 가식도 없어서 더욱 그렇다. 그래서 요즘 어르신들이 특별히 도를 닦지는 않았으나 이미 베푸는 삶의 깊은 뜻을 깨달은 고승이 아닌가 하는 생각이 든다.

한 사람의 따뜻함이 마을을 바꾼다

　아침식사를 하는데 예초기 돌아가는 소리가 들려왔다. 예초기 소리야 요즘 달내마을에서 노상 듣는 소리라 신기할 게 없었으나 들려오는 위치가 조금 뜻밖이었다. 바로 우리 집 뽕나무 아래쯤에서 들려왔기에.
　논밭이 죽 이어진 마을 쪽이 아니고 뽕나무 아래라면? 궁금증이 일었으나 그것 때문에 밥 먹기를 중단하고 나가기엔 조금 뭣 하여 식사를 다 끝냈다 그런데 예초기 소리는 계속 들려왔다. 그것도 점점 우리 집 쪽으로 방향을 잡으면서.

　식사 후 마시는 커피도 중요했지만 궁금증은 커피를 넘어선지라 나가 보았다. 그런데…… 신옴어른께서 길가의 풀들을 치고 있는 게 아닌가. 여름에 한 번씩 마을 사람들이 다 모여 길가의 풀을 치는 작업을 할 때가 있어 주위를 둘러보니 다른 분들은 보이지 않고 혼자였다.
　"어쩐 일로 오늘은 혼자서 이렇게 하셔요?" 했더니,
　"아, 오늘 기냥 시간이 나서……."
　얼버무리는 말에 다시 한 번 더 여쭈었더니 언젠가 시간 나면 한 번 해야지 했는데 그동안 어르신 집의 일이 밀려서 못하다가 오늘 마침 시간이 나 내친 김에 예초기를 들었다는 거였다.

"그래도 비가 내리는데……."
"억수 같이 내리샀는 비도 아니고 호부 이슬빈데……. 이 정도 비면 땀 안 흘려도 되고, 일하기 딱 좋제요."

핑계였다. 햇볕이 내리쬐지 않으니까 땀을 흘리지 않아도 된다는 핑계. 얼핏 들으면 비가 오기에 땀을 덜 흘린다는 말이 이치에 맞을 것 같으나 비옷을 입으면 공기가 통하지 않기에 땀 흘리기는 마찬가지니 분명 핑계였다. 게다가 비 올 때는 풀이 누워 있기에 잘 잘리지도 않는다. 그러나 아름다운 핑계였다. 그래도 다른 분들과 함께 하시지 않고 혼자 하는 게 궁금하여 또 다시,
"어르신들과 함께 하시지 않고 왜 혼자서 하셔요?" 하니,
사실은 풀을 최소한 세 번은 쳐줘야 제대로 사람 다니는 길이 되는데도 다들 바빠 그동안 한 번씩밖에 하지 않아 오늘 길을 보니 도저히 안 되겠다 싶어 나섰다는 거였다.

일흔 넘은 어르신이 하는 걸 한창 젊은 사람(쉰 중반을 넘겼어도 나는 마을에서 가장 젊은 사람이다)이 그냥 지켜볼 수 없어 뭔가 도와드릴 게 없나 하여 보니 예초기로 잘라낸 풀이 마구 흩어져 있었다. 그래서 얼른 집으로 가 갈쿠리[66]를 갖고 왔다.
어르신은 풀을 자르고 나는 긁어 언덕 아래로 내던지고. 이렇게 제법 분업이 돼 일하는데 혼자 사시는 최씨 아주머니가 떡을 들고 오셨다. 우리 두 사람이 일하는 걸 보고 너무 보기 좋아 갖고 왔다고 하신다.

---

66) '갈퀴'의 경남, 전남 사투리.

어르신과 아주머니가 가신 뒤 대빗자루로 마무리를 하는데, 마침 이장님이 탄 차가 지나가다 세우더니 눈을 크게 뜨며,

"정 선상이 이걸 혼자 다 했능기요?" 하기에 얼른,

"아닙니다. 산음어른께서 예초기로 다 해놓고 가신 뒤 저는 쓸기만 했을 뿐입니다."

"그래 놓으니 마을이 대번에 달라지네. 마을회의를 해서 한 번만 하지 말고 자주 치자 해야재." 하셨다.

우린 흔히 "한 사람의 뛰어난 천재가, 한 사람의 유능한 정치인이, 한 사람의 의지 굳은 혁명가가 세상을 바꾼다."는 말을 듣는다. 그건 분명히 옳은 말이다. 그리고 우리는 그런 이의 이야기를 듣고 보았다.

그런데 난 오늘 평범하면서도 따뜻한 마음을 가진 한 사람의 행동이 마을을 바꾸는 걸 보았다. 일흔을 넘긴 한 시골어른의 작은(?) 선행이 주변 사람들을 이끌어 내 그냥 무심코 지나쳤던 일을 깨우쳐 좀 더 나은 마을로 만드는 걸.

가만 보면 어른은 나보다 학교 교육도 덜 받았고, 나보다 생활도 여유롭지 않고, 나보다 젊지도 않지만 분명 나보다 훨씬 따뜻하고 넉넉한 마음을 가졌다. 신음댁 할머니도 마찬가지다. 언제나 도움을 청하면 당신 일들을 뒤로 미루고 달려오신다. 그래서 내가 쓰는 '달내마을 이야기'에 가장 많이 등장한다.

그동안 나는 솔직히 큰 사람, 큰 일, 큰 결과가 아니면 관심이 없었다. 적어도 누구나 그 이름을 듣고 고개를 끄덕일 만한 사람이 아니면 관심이 없었고, '몇 년 만에 가장'이나 '역사적'이란 말이 붙지 않은 뉴스는 그냥 흘려버렸고, 사람들마다 탄성을 지르는 업적을 거론할 때만 고개를 끄덕였다.

그런데 이 마을에 이사 온 뒤 아주 자잘한, 그냥 지나쳐버려도 좋을 일들에 관심을 갖게 된 건 다 두 분 덕이다. 두 분은 내가 읽은 어떤 책의 주인공들보다 더 많은 가르침을 준다. 책에서 만난 위인들은 그 나름의 가르침을 주지만, 곁에서 직접 '더불어 사는 삶의 아름다움'을 보여주는 그 가르침에 비할 수 없다. 두 분은 바로 나의 참 스승이시다.

콩밭 매는 아낙네야

"콩밭 매는 아낙네야
베적삼이 흠뻑 젖는다
무슨 설움 그리 많아
포기마다 눈물 심누나……."

아마 노래방에서 한 번쯤은 불러본 적이 있는 노래이리라. 나도 노래를 못 부르지만 남들이 부르는 걸 몇 번 따라 부른 적이 있나. 그런데 묘한 건 이 노래를 부를 때 가사에 나오는 단어처럼 설움이 마구 차오르는 것 같아 절로 목소리에 힘이 실림을 느낄 수 있었다. 그렇지만 노래는 그렇게 불렀어도 솔직히 콩밭 매는 게 얼마나 힘든지, 얼마나 괴로운 일인지 알 수 없었다. 그러다가 용동67)에 집을 사 그곳으로 늘락날락하면서 뒷집 할머니의 콩밭 매는 장면을 보고 왜 그렇게 그 노래를 설움에 겨운 목청으로 불러야 하는지를 확연히 깨달았다.

---

67) 용동은 경주시 양북면 용동리를 가리킨다. 어머니가 중풍과 치매로 앓고 계실 때 요양할 곳을 찾다가 구한 집이 그 곳에 있었는데, 현재 살고 있는 양남면 효동리로 옮기면서 팔았다.

우리나라 풍토에 가장 적합한 작물이 무엇일까 하는 물음에는 학자들에 따라 다른 의견이 있겠지만 대부분 콩을 드는 데 주저하지 않을 것이다. 콩은 묵정밭에건, 찰진 밭에건 특별히 거름을 하지 않아도, 비료와 농약을 별반 들이지 않아도 잘 자라는 작물이다.

용동에서 콩을 심는 건 아무렇게나 해도 잘 자라서가 아니다. 콩은 다른 작물보다 돈이 안 된다고 한다. 그런데도 콩을 심는 건 어쩔 수 없기 때문이다. 원래 그곳은 콩만 심었으나 십여 년 전부터 봄가을은 콩, 가을봄은 양파를 심었다.

뒷집 할아버지의 말에 따르면 양파는 콩보다 세 배 정도의 수익이 된다고 한다. 그러니 콩과 양파를 번갈아가며 심으면 콩을 심을 때보다 수입이 나오니 다행이리라. 그러나 거기에도 나름의 아픔이 있었다. 양파는 비료를 많이 줘야 하기에 두 해 거푸 심으면 땅 힘이 떨어져 다음해 한 해는 반드시 쉬어야 한다는 점.

콩은 다른 농작물처럼 봄에 심고 가을에 수확한다. 그러기에 힘든 것으로 말하면 별반 차이가 없을 듯하나 문제는 잡초다. 작물에 잡초가 나는 거야 콩밭뿐이 아니기에 그도 뭐 하며 대수롭지 않게 넘길 수 있을 것 같은데 논에 김을 매거나 다른 작물에서 잡초를 제거하는 것과는 사뭇 다르다. 가장 더위가 심할 때인 7월 말경부터 8월 중순까지 집중적으로 하지 않으면 안 되기 때문이다.

적당하게 기름진 밭에 비까지 내리면 잡초가 자라는 데 최적의 상태가 된다. 그때부터 바랭이, 냉이, 쇠비름, 여뀌, 깨풀, 마디풀, 방동산이, 피, 쇠뜨기, 비름, 벼룩나물 등등 이름도 낯선 잡초들이 제 마음대로 자란다. 이들을 그냥 내버려두면 콩이 머리를 내밀기 전에 저들이 먼저 내밀어 콩이 숨 쉴 틈을 주지 않는다.

그때부터 뒷집 할머니는 사흘들이로 콩밭에 들어간다. 반바지에 짧은 소매에다 고무신을 신은 땡볕에 적합한 차림이 아니라 일바지68)에 긴소매의 웃옷과 장화를 신은 채로 말이다. 그런 차림이어야 하는 이유는 다음에 얘기하겠다. 그 채비로 들어서서 허리를 구부린 채 일을 하다보면 채 일 분도 안 되어 팥죽땀이 쏟아진다.

콩밭에는 잡초만이 적이 아니다. 잎사귀가 제법 갈맷빛으로 변할 즈음이면 밭에 나타나는 불청객이 있으니 그놈이 바로 뱀이다. 나도 밭둑으로 기어 다니는 놈들을 몇 번이나 봤다. 물론 내가 본 뱀들은 대부분

---

68) '몸빼'라는 일본어보다 정화된 낱말 '일바지'로 썼으면 한다.

육혈목이지만 아랫집 아주머니가 자기 밭을 지나치던 중 눈에 띈 잡초를 뽑으러 들어갔다가 큰 변을 당했다. 처음부터 콩밭을 맬 작정이었으면 일바지에 장화 차림이었을 텐데 시장에 갔다 오다가 발견한 풀을 아무 생각 없이 뽑으러 들어갔다가 그만 독사에게 물려버린 것이다. 그 뒤로 아주머니는 석 달 동안 똥오줌을 받아냈다고 한다. 그나마 살아난 게 다행이라면서.

잡초를 뽑으면서 겸해 하는 일은 이랑 사이의 골을 깊게 파는 것이다. 풀도 없애고, 골을 파놓으면 물 흐름이 좋고 땅 힘도 북돋워주기 때문이다. 이랑 사이의 골을 깊게 팔 때 해야 할 일이 쟁기질이다. 쟁기질이라 하면 소를 이용하는가 보다 하고 생각할 것 같은데 한창 자라고 있는 콩밭에 소를 넣었다가 밟아 뭉개면 절단이 날 뿐만 아니라 소가 부드러운 콩잎사귀를 그냥 둘 리 없다. 그래서 꾀를 낸 게 사람 쟁기질이다.

앞에서 할아버지가 소목의 멍에 대신 목줄을 어깨에 걸고 끌고 나가면 뒤에서 할머니가 보습을 박는다. 처음 그 모습을 봤을 땐 어느 방송을 통해서도 그런 장면을 한 번도 보지 못했기에 기묘한 그 광경에 한참 동안 시선을 거둘 수 없었다.

콩밭에는 여인의 한(恨)이 있다. 농사는 남녀 모두 다 힘들게 해야 할 일이지만 콩밭 매는 일은 소롯이[69] 여인들의 몫이다. 언젠가 아내가 뒷집 할머니가 일하는 모습을 보고 소처럼 일한다는 표현을 한 적이 있다. 정말 그때는 아침 일찍부터 해가 져 캄캄해질 때까지 구부린 허리를 들 줄 몰랐다. 할아버지는 장에 갔다 낮술에 취해 누워 계시고…….

---

[69] 주로 경상도에서 쓰는 말로 '고스란히' 또는 '살며시'의 뜻이 담겨 있다.

태풍 매미가 쓸고 간 다음날 용동에 갔다. 우리 집이 어떻게 됐을까 하는 걱정에서였지만 눈에 먼저 들어온 할머니의 콩밭을 보는 순간 우리 집 일은 뒷전이었다. 그렇게 팥죽땀을 흘리면서 잡초를 뽑아가며 소처럼 일한 흔적은 비바람에 쓰러져 황달에 걸린 양 누런 알몸을 고스란히 드러낸 채 누워 있었다.

낫질이 사라지고 있다

　시골에 살면 공기 맑고 물 좋아 건강하게 살 수 있다고 한다. 그 말은 맞다. 그러나 농투사니들처럼 노동에 절면 그로 하여 몸이 상하게 돼 병을 얻고, 농사짓지 않고 사는 우리 부부 같은 경우에는 너무 운동량이 적어 또 병을 얻을 수 있다. 해서 시간 날 때마다 산책을 한다.

　마을 가운데 사거리에서 뒷산으로 올라갔다가 내려와서는 위뜸[70]을 거쳐 백토광산을 갔다 오면 한 시간쯤 걸리는데 우리 부부가 걷기에 딱 적당한 산책로다. 그런데 백토광산으로 들어가기 직전에 다리가 있고, 그 다리를 건너면 왼쪽에 밭이 몇 다랭이[71] 있는데 가장 깊숙한 곳에 위치한 게 성산댁 할머니 밭이다.

　최근에 그곳을 지나칠 때마다 우리 부부는 감탄을 한다. 밭에 이르는 약 삼십여 미터의 길이 무성한 풀밭이었는데, 며칠 전 성산댁 할머니가 낫으로 깨끗하게 베어 길이 훤해진 것이다. 얼마나 에쁘게 깎아놓았는지 처음 보았을 때, 아내가 "낫질 솜씨가 완전히 예술이네." 하였다. 정

---

70) '윗마을'의 경남 사투리.
71) 규모가 작은 밭떼기를 가리키는 사투리.

말 하나의 예술 작품이라는 표현이 조금도 어색하지 않을 정도로 곱게 깎여 있었다.

요즘 달내마을에서 가장 많이 들리는 소리는 매미소리도 경운기 소리도 아닌 예초기 돌아가는 소리다. 다들 논둑이나 밭둑에 시도 때도 없이 나는 풀들을 베느라 쉴 새가 없다. 모두 여덟 분인 할아버지들이 번갈아 가면서 오늘은 여기, 내일은 저기 하면서 기계음을 들려준다.

할아버지들은 낫을 사용하지 않고 다들 예초기로 벤다. 그래서 지나가는 말로 "요즘은 낫을 사용하지 않고 예초기로 다 베나 보지요?" 하니, "낫으로 이 많은 걸 우째 다 베려고……." 하신다. 그러니까 편리함과 능률면에서 낫보다 예초기를 선택한 것이다. 아마 할아버지들 중에 성산댁 할머니보다 더 낫질을 잘하시는 분이 계실지 모른다. 그래서 만약 낫으로 벤다면 더욱 예쁘게 깎아냈을 지도.

성산댁 할머니는 혼자 사신다. 예초기를 사용할 줄 모르시니 누가 베어주지 않으면 낫으로 벨 수밖에 없다. 할머니의 심정을 읽는다면 예초기를 사용하는 할아버지들을 볼 때마다 남편이 안 계신 게 서러울 수도 있을 것이다. 그렇지만 내가 보기엔 낫으로 베어낸 모양은 예초기로 베어낸 것과 차원이 다르다.

낫으로 베어낸 모습이 하도 고와서 가까이 가서 예초기로 벤 것과 비교해보았다. 언뜻 보면 같아 보인다. 그러나 조금만 주의를 기울이면 차이가 드러난다. 예초기는 깎아야 할 땅이 아주 고르다면 낫과 차이가 크게 나지 않을 수 있다. 그러나 평평한 땅이 그리 많은가. 특히 논둑이나 밭둑은 나고 듦이 심하다. 그런 곳에 예초기는 평평하게 깎을 수밖에 없다. 그러면 겉으로 보기엔 제대로 깎인 것 같은데 나온 곳은 아주 많이 깎이고, 들어간 곳은 웃머리만 조금 깎일 뿐이라 멀리서 보면 깎인 부위의 빛깔이 다르다.

그와는 달리 낫으로 하면 굴곡과 상관없이 깎을 수 있다. 들어간 데는 들어간 데로 깎고, 나온 데는 나온 데로 깎으면 되니까. 그래서 멀리서 보더라도 깎인 부위의 빛깔이 같다. 그러니까 성산댁 할머니가 깎은 길이 유난히 눈에 띌 수밖에.

요즈음엔 머리 자를 때가 되면 남성 전용 미용실을 찾아간다. 그러나 예전에는 단골 이발소를 이용했다. 단골 이용원의 이발사는 바리캉[72]을 거의 사용 하지 않고, 가위로만 손질했다. 그럴 때 손놀림은 거의 보이지 않을 정도로 재발랐다. 더 이상 길거나 짧은 머리카락이 없는 것 같은데도 손놀림을 쉬지 않았다.

그 이발사가 시내로 옮기고 난 뒤 다른 이발사가 왔는데, 이 이발사는 가위보다 바리캉을 더 많이 사용했다. 언뜻 보기에 전과 다름없는 것 같았는데도 깎고 나면 확실히 달랐다. 뭔가 개운한 맛이 전보다 떨어진 느낌이었다. 결국 그곳 대신 미용실로 가게 된 이유는 거기에 있다.

나는 어릴 때 지게도 져봤고, 목갱이[73]도 웬만큼 다룰 줄 알고, 톱질도 꽤나 하는데 낫질은 아주 서툴다. 그런데 우리 집 앞, 뒤, 옆 모두 언덕이고 경사가 심한데다 군데군데 나뭇등걸이 있어 예초기 사용이 어렵다. 그러면 낫을 사용해야 한다.

이런 이유 말고도 웬만한 두께의 나무는 톱이나 도끼보다 낫으로 꺾

---

72) 이발기 제조회사인 프랑스 회사 이름을 딴 이발기계.
73) 곡괭이의 경상도 사투리.

는 게 수월타. 대나무를 다듬을 때나 나무껍질을 벗길 때, 뭘 만들 때 낫으로 마무리해야 때깔이 난다. 예전에 연이나 팽이 등의 아이들 공작품은 다 낫으로 만들지 않았는가.

우리 문중에서는 양력 8월 마지막 일요일에 벌초를 한다. 그날이 되면 지리산 밑 마음골[心谷里]에 예초기 돌아가는 소리가 요란해질 것이다. 그런데 재작년까지는 다른 부분, 즉 묘소 주위는 예초기로 깎아도 묏등만은 반드시 낫으로 해야 했다. 문중의 가장 큰 어른이 기계로 선조들의 머리카락을 어찌 깎느냐고 하도 성화라서 묏등만은 예초기 사용을 금했던 것이다. 그 어른이 돌아가시고 난 뒤 낫 대신 기계로 머리카락을 깎고 있다. 작년에 내가 넌지시 그런 뜻을 비쳤다가 사촌형님들로부터 "그럼 니 혼자 다 깎아라."란 소릴 듣고 입을 다물었다.

달내마을에서도 조상님께 추석상에 올릴 멧밥을 지을 쌀만은 낫으로 베어 찧는다고 한다. 그만큼 마음 써야 할 부분에는 엔진 소음 나는 기계보다 낫을 사용하고자 하는 마음이 배어 있음이리라.

농촌 생활을 하루 이틀 할 것도 아니고, 이제부터 본격적으로 시간을 내 낫질을 배워야겠다고 마음먹은 건 성산댁 할머니의 예술품 때문이었다.

비료를 많이 먹어 쓰러진 벼를 보며

태풍은 아무리 낮은 급수라 해도 마을에 피해를 준다. 저는 그냥 슬쩍 스쳐간다고 할지 몰라도 시골에는 크고 작은 해를 입힌다. 그중 비닐하우스가 가장 큰 피해를 입는데 다행히 우리 마을에는 비닐하우스가 없다.

어제 태풍이 스쳐갔기에 볼때기를 슬쩍 건드린 것처럼 지나갔거니 하며 나가봤더니 처음에는 예상대로였다. 대충 훑어볼 때는 피해가 보이지 않았다. 그런데 길을 따라 걷다가 사거리에 왔을 때 한 곳의 논에 벼가 쓰러져 있는 것이 눈에 띄었다.

거기서 벼를 일으켜 세우는 어른을 만났다. 그냥 인사만 하고 지나가려다 바로 곁에 같은 위치의 논은 그대로인데 거기만 벼가 쓰러진 게 이상하여 여쭤보았다.

"이 논에만 물이 들었는가 봐요?"

"어데요. 요번 비가 이 논에만 들었을까배……."

"그러면 어떻게 옆의 논은 괜찮은데 이곳 벼만 쓰러졌어요?"

하는 말에 어른은 잠시 하늘에 눈을 주다가,

"나가 실수를 했재요. 모 심고 좀 덜 자라는 듯싶읍께 비료를 다른 곳보다 좀 많이 쳤지예……."

애기인즉, 다른 논보다 비료를 더 많이 쳤더니 그리 됐다는 거였다. 처음에는 무슨 뜻인지 몰랐다. 허나 설명을 들으니 이해가 됐다. 모를 심고 나서 화학비료를 주는 일은 특별히 유기농법을 활용하는 곳이 아니라면 통상적으로 한다.

비료는 작물의 생육을 빨리하는 데 효과가 있다. 비료를 주지 않은 곳과 준 곳의 차이가 너무 뚜렷이 드러나니 다른 곳보다 덜 자란다고 느꼈으니 더 쳤을 테고……. 문제는 그게 그만 탈을 일으킨 모양이다. 즉, 비료를 너무 많이 쳐 웃자람 현상이 도드라지는 바람에 키는 커진 대신 뼈대가 약해져 같이 물이 들었어도 쓰러진 몸을 일으키지 못한 것이다.

비료를 많이 쳐 쓰러진 벼를 보자 문득 요즘 아이들이 생각난다. 지금 아이들은 예전의 아이들보다 키나 덩치가 훨씬 크다. 뿐인가. 혈색도 피부색도 훨씬 좋다. 그래서 겉만 보면 건강하다고 판단할 게다. 그러나 속을 들여다보면…….

예전에 체력장 검사의 중요 종목이던 1000m 달리기는 이미 사라졌다. 오래달리기를 하다가 심장마비로 죽는 학생이 늘어나면서 없어진 것이다. 턱걸이도 몇 개 못한다. 운동장 조회도 하지 못한다. 햇볕이 조금 강하게 내리쬐어도 일사병으로 쓰러지는 아이들이 줄을 잇기에.

분명히 전보다 외형은 훨씬 더 커졌는데, 속은 더 약해졌다. 즉, 단단하지 못한 것이다. 마치 비료를 많이 친 벼가 바람이 불거나 물에 잠기면 쉽게 넘어가듯. 이런 변화는 신체적인 면에만 국한되면 다행이리라. 불행히 정신적인 면에서도 비켜가지 않는다.

비료는 벼가 스스로 버틸 능력을 기를 기회를 빼앗는다. 그러니 비료를 많이 먹고 자란 벼는 한 번 물에 잠기면 다시 일어서지 못한다. 아이들도 마찬가지다. 아이들이 자라는 동안 넘어질 때도 있고 다칠 때도 있는데 그럴 때 요즘의 부모들은 어떻게 하는가. 스스로 일어나기 전에 달려가 안아 일으킨다. 이렇게 보살핌을 받고 자란 아이는 다음에 스스로 일어나려는 의지보다는 부모에게 기대기 마련.

  비료를 많이 먹어 쓰러진 벼를 보고 또 하나의 깨달음을 얻은 하루였다.

나무는 나의 스승이다

우리는 좋은 사람을 만나면서 즐거움을 얻고, 또 가르침도 받는다. 직접 만남이 아니더라도 책을 통해 만남을 갖기도 한다. 날마다 그런 사람을 만날 수 있다면 얼마나 행복할까? 그러나 사람이 아니어도 가르침을 받을 데는 많다. 나로선 아침저녁 출퇴근할 때마다 만나는 나무에게서 많은 깨달음을 얻는다.

현관문을 열고나서면 맨 먼저 나와 마주치는 우리 집 감나무에게서 그 첫 번째 깨달음을 얻는다.

- 나무는 그 넉넉함으로 나를 부끄럽게 한다

우리 집 감나무는 참 크다. 그 크기만큼 넉넉한 마음을 가졌다. 그는 자기 품안에 많은 것들을 받아들인다. 우선 눈에 띄는 게 까치집이다. 까치들은 주인의 허락도 없이, 월세도 내지 않은 채 자꾸만 집을 키우더니 이젠 제법 어엿한 저택을 확보했다.

박새는 더욱 심하다. 감나무 한가운데 구멍이 났는데, 그 구멍 속에다 집을 지은 모양이다. 안을 들여다볼 수는 없지만 뻔질나게 드나들며 먹이를 나르는 걸로 보아 아마도 새끼를 낳았나 보다. 또 감꽃이 필 때면 제비나비가 셀 수도 없이 날아든다. 그때도 감나무는 그들을 위해 귀찮아하지 않고 아낌없이 꿀을 내준다.

감나무는 이런 동물만 받아들이는 게 아니다. 식물도 마찬가지다. 담쟁이덩굴은 어느새 어깨를 타고 올라와 있다. 아는 이의 말을 들으니 순수한 토종 담쟁이라는데 처음엔 조그만 게 '설마' 했는데 어느 틈에 밑둥치를 다 감을 만큼 올라왔다.

그동안 무심코 지나다 오늘 아침 가지 사이에 쥐똥나무가 기생한 것을 발견했다. 그걸 보는 순간 갑자기 가슴이 아려왔다. 감나무가 워낙 오래돼 뿌리는 물론 둥치마저 썩어가고 있는 거기에 어디서 어떻게 날아왔는지 쥐똥나무가 뿌리를 내려 제법 크게 자랐다. 감나무의 몸뚱이 속에 뿌리를 내린 쥐똥나무를 보면서 문득 우리 몸속에서 자라는 암 덩어리를 보는 것 같아 가슴이 아리다. 그 정도까지야 아닐 테지만 그래도 무척이나 아플 텐데 감나무는 그런 내색을 전혀 하지 않는다.

나는 감나무에서 거룩한 성자(聖者)의 모습을 본다. 한평생 남을 위해 희생하면서 자신을 위해서는 아무것도 남기지 않고 맨몸으로 돌아가는 그 모습을 말이다. 앞으로 얼마나 더 살아 있을지 모르겠으나 남은 기간에도 다른 동식물들을 위해 아낌없이 헌신하리라.

- *나무에게서 진정한 어른의 모습을 본다*

집에서 출발한 지 10분이 채 안 돼 석촌리[74]에 이르면 나는 또 하나의 깨달음을 얻는다. 바로 이 마을의 당산나무이면서 보호수로 지정된

---

74) 경주시 양남면 석촌리.

느티나무 때문이다.

  1982년 10월 29일 보호수로 지정되면서 만들어진 비석에는 수령(樹齡) 250년, 높이 15m, 둘레 4.3m로 소개돼 있다. 얼마나 크냐 하면 높이는 어른 키의 10배쯤, 둘레는 어른 셋이 팔을 합쳐 둘러야 할 정도다. 그런데 나무 나이는 적힌 것보다 훨씬 많은 400년이 넘는다는 마을 어른들의 얘기다. 지정할 당시 아흔이 넘은 어른께서 당신의 할아버지에게서 들은 이야기라면서 400년이 넘었다는데도 전문가가 와서 보고는 그렇게 적었다는 것이다.

  그동안 여행을 다니면서 이름난 노거수(老巨樹)를 많이 보았지만 그들에게 조금도 뒤지지 않는다. 가지마다 새싹이 돋아날 때인 이즈음은 이즈음대로, 신록의 계절엔 신록의 계절대로, 가을엔 먹을 열매가 맺히는 건 아니지만 그래도 예쁘다. 황량한 겨울에도 눈송이를 이고 있는 모습을 보노라면 감탄사가 절로 나온다.

  마을 사람들은 매월 음력 보름이면 이 나무에 제를 올린다. 집집이 돌아가면서 제물을 준비하여 정성껏 차린다. 많은 돈은 아니나 시골살이에선 부담이 되는 액수인데도 흔쾌히 당산나무를 위해 내놓는다. 운 좋게 제 올리는 날에 그곳을 지나치노라면 꽤 많은 사람들을 볼 수 있다. 그날만큼은 마을 사람들이 거의 다 나온다. 제를 지낸 뒤 음식을 나누면서 사소한 가정사도 이야기하지만 마을 대소사를 의논하기도 한다. 제를 지내는 날이 아니더라도 우리가 집에서 제사 지낼 때 쓰는 지방 같은 게 새끼로 묶여져 나무에 달려 제 올린 흔적을 말해주고 있다.

  어제 양남장에 가는 길에 그 마을 어른을 태워준 김에 당산나무에 관한 이야기를 나누었다. 어른은 이렇게 말씀하셨다. 우리 마을에는 진짜 어른이 계신다고. 이런저런 일로 마음이 아프고 흔들릴 때마다 그 나무를 바라보면 마음이 푸근해진다고. 또 보호수라는 이름으로 불리기에 마을 사람들이 보호해야 하지만 사실은 이 나무가 마을을 보호한다고. 다만 당산나무가 예전보다 훨씬 활기를 잃었다며 안타까워하신다. 아마도 아스팔트가 깔리면서 전보다 수분을 많이 빨아들이지 못해선지 싱싱함을 점점 잃어가는 것 같다는 말을 하시는 어른의 눈가엔 이슬이 맺히는 것 같다. 이 정도면 그냥 나무가 아니라 어른들의 어른인 셈이다.

먹을 열매 하나 남겨주지 않지만 사시사철 마을 사람들이 정담을 나누는 놀이터가 되고, 오랜 기간 동안 마을의 역사를 간직하면서 마을과 함께 살아온 이 나무는 마을을 지켜주는 상징적인 수호신에서 끝나는 게 아니라 이제 마을 사람들의 진짜 어른이 되었다. 그래서 도시로 나가 살다가 간혹 고향에들를 때마다 가장 먼저 찾는 것도 바로 이 나무란다.

- *나무는 그 끈질긴 생명력으로 나를 질타한다*

석촌리를 지나 다시 10분쯤 더 가면 이번에는 바닷가에서 경이로움을 맛본다. 뭍에서 100미터쯤 떨어졌을까. 바다에 있는 여의 꼭대기에 솟은 한 그루의 소나무에서다. 인근 사람들로부터 독수리바위, 매바위 등으로 불리는 이 바위의 형상은 바위 자체로는 그 이름을 가질 수 없지만 바로 꼭대기에 솟은 소나무가 새의 부리 형상을 하고 있기에 당당히 그 이름을 지니게 되었다.

사람들은 처음엔 소나무의 새 부리 형상에 주목하지만 이내 어떻게 그 꼭대기에 저런 소나무가 자랐을까 하는 것에 관심을 두게 된다. 짐작에야 아주 옛날 바닷가에 자라던 해송(海松)의 솔씨 한 개가 바다에 떨어져 파도에 이리저리 떠돌아다니다가 세찬 물굽이에 여의 꼭대기로 솟구쳐 자리를 잡았으리라.

그러면 어떻게 자리를 잡고 뿌리를 내렸을까? 솔씨가 여의 꼭대기에 간 것까지는 이해할 수 있지만 뿌리를 내린 과정은 아무래도 이해하기 어렵다. 우연히 바위틈에 낀 솔씨에 필요한 건 두 가지였다. 흙과 물.

흙은 꼭 흙이 아니더라도 갈매기의 배설물 등으로 충족되었겠지만 물은 어떻게? 바닷물로는 자랄 수 없으니까 하늘에서 내리는 비가 유일한 해결책이었으리라. 그러나 바위의 특성상 물이 고이지 못하고 흘러내리기에 고작 해야 그 당시 내리는 빗물 몇 방울로 어떻게 자랄 수 있었을까?

내가 살아온 삶도 그리 순탄치만은 않았다. 그러나 독수리바위에 솟은 소나무를 보면 그냥 고개를 숙일 뿐이다. 그때마다 소나무는 내게 일러준다. 살아가다 보면 어려운 일도 많겠지만 다 마음먹기 나름 아니냐고. 그러면 나는 그저 부끄러울 뿐.

　나무는 어느새 나의 스승이 되었다. 그러나 제자가 똑똑하지 못해선지 그런 가르침을 받고도 제대로 실천하지 못하고 있다. 감나무의 넉넉함도 없고, 느티나무의 어른스러움도 없고, 소나무의 끈질긴 생명력도 갖질 못하고 있다. 언제 이 깨달음을 행동으로 옮겨 실천할 수 있을까?

나무로 만든 것들의 가치

태풍 '산산'이 지나간 뒤 며칠이 지났지만 그 뒤처리는 아직 다 못했다. 하루는 직장에서의 바쁜 일로, 하루는 모임이 있어서, 또 하루는 물건 사야 할 일로 시내에 들러 늦게 퇴근했기 때문이다. 그러다보니 바람과 물로 밀려온 쓰레기가 그냥 그대로 남았다.

둘러보니 심야보일러 교체로 생긴 폐자재랑 감나무에서 떨어진 감, 낙엽송이 넘어져 부러진 가지들이 떠내려 온 것도 있다. 다른 것도 다 치워야 하지만 낙엽송 가지들은 그냥 오래 내버려둘 수 없다. 다시 비가 내리면 그것들이 배수로를 막게 되니까.

낙엽송은 예전에 우리나라의 산이 황폐화했을 때 녹화사업과 목재 재료로 쓸 두 가지 목적으로 일본[75]에서 들여왔다고 한다. 처음 낙엽송을 심고 난 뒤 사람들은 환호성을 질렀다. 심자마자 쑥쑥 자라 금방이라도 온 산을 뒤덮고 엄청난 수익을 가져다줄 것 같았기에.

그러나 낙엽송은 일명 전봇대 나무라 할 정도로 키가 큰 대신 매우 약

---

[75] 낙엽송의 학명은 '일본잎갈나무'.

하다. 뿐만 아니라 나뭇결은 곧지만 마르면 뒤틀림이 심하고 강도가 약해 목재로도 쓸 수 없다. 그래선지 우리 뒷산에 있는 것들은 모두 키는 멀대 같이 컸지만 한결같이 여위었다. 그러다보니 센 바람에 견디지 못해 쓰러진다.

이번 '산산' 보다 더 센 태풍이나 폭우가 온다면 아래로 쓸려 내려오다 우리 집을 덮칠 수 있기에 올라가보았다. 역시 우려했던 대로 몇 그루가 쓰러진 채 다른 나무에 걸려 있었는데, 버티고 있는 그 나무들이 워낙 약해 치우지 않으면 마음이 놓이지 않았다.

큰 둥치는 기계톱으로 잘라서 차곡차곡 쌓아놓으면 훌륭한 땔감이 된다. 그런데 잎사귀(잎사귀라야 침엽수이므로 솔잎을 닮은 잎)가 문제였다. 그것도 말려놓으면 불쏘시개 정도로는 쓸 수 있으나 우선 당장 비에 쓸려 내려오면 배수구를 막기에 쓸어 모아 치우려 했다.

쓸어 모으려면 갈쿠리가 필요해 창고에 가서 쇠갈쿠리(사실은 쇠스랑)를 가져왔다. 그런데 전에 평지에서 할 때는 별 문제가 없었는데 산에서 내려오는 길목에 사용했더니 영 불편했다. 움푹 팬 곳에 쌓인 낙엽송 잎을 제대로 쓸어 담을 수 없어서였다. 쇠 자체가 휘어지지 않아 생긴 현상이었다.

순간 그저께 집 옆 묘소에 마을 어른이 벌초하고 난 뒤 놓고 간 대나무 갈쿠리가 떠올랐다. '에이, 혹시 쓰다가 대나무기 부러지기라도 하면……' 하는 생각과 '그래도 일부러 철 대신 대나무를 사용한 걸 보면……' 하는 생각에 약간 갈등을 일으키다가 그걸 가져다 썼다.

아, 그런데 잘 긁어질 뿐만 아니라 파인 곳, 파이지 않은 곳에 있는 잎사귀까지 깡그리 다 쓸리는 게 아닌가. 대나무는 탄력이 있어 파인 곳에서는 뒤로 젖혀지는 대신 파이지 않은 곳에서는 앞으로 쭉 뻗어 다 긁어

낸다. 그리고 예상보다 힘이 없지도 않았다. 생각에는 힘을 줘 당기면 금방이라도 부러질 것 같았는데, 살짝 변형을 이루었다가 이내 제 모습을 찾는다. 그 신기함(?)에 반하여 그걸로만 일을 계속해 끝마쳤다.

시골에 살면 이전에 느끼지 못했던 걸 느낄 때가 종종 있다. 쇠나 플라스틱보다 대나무가 훨씬 강하고 유용하다는 걸. 앞에 예로 든 갈쿠리뿐만이 아니라 빗자루도 마찬가지다. 요즘은 집집마다, 공공시설마다 플라스틱 빗자루를 사용한다. 자질구레한 걸 쓰는 빗자루부터 제법 많은 양을 쓸 빗자루까지.

그런데 대빗자루(혹은 싸리비)와 플라스틱 빗자루는 다르다. 눈으로 보기엔 플라스틱 빗자루가 잘 쓸릴 것 같은데 직접 쓸어보면 차이가 난다. 대빗자루가 훨씬 깨끗하게 쓸린다. 역시 갈쿠리처럼 변형이 자유로우면서도 단단하기 때문이리라. 들어간 곳 나온 곳에 적절히 반응하니 찌꺼기가 거의 남지 않고 깨끗하다.

가끔씩 이웃집에 들를 때마다 나무로 된 쌀독을 보고, '요새 돈 얼마 안 들이면 잘 만들어진 쌀독을 얼마든지 살 수 있는데……' 하며 솔직히 혀를 찼던 적이 있었다. 나무로 된 쌀독에 든 쌀은 살아 있지만 플라스틱 쌀독에 든 쌀은 죽은 쌀이라는 걸 모르고서 말이다.

또 하나의 발견으로 하여 눈을 새롭게 뜬 날이었다.

산국(山菊)을 꺾다 벌들에게 들키다

지금 사는 달내마을엔 산국이 흐드러지게 피었다가 질 때다. 그래도 아직 아침이면 노오란 빛깔을 머금고 햇살을 받으며 곱게 얼굴을 편다. 역시 산국은 낮보다는 아침에 볼 때가 아름답다. 짙은 노랑이 주는 강렬함을 희석시키면서 이슬을 머금은 청초함도 보여주기에.

솔직히 이곳으로 이사 오기 전에도 산국을 많이 보았지만 의식하지 못하고 살았다. 그냥 산에 피는 노란 꽃 정도로만. 그런데 작년 가을, 처음으로 마을 뒷산을 노랗게 뒤덮은 꽃을 보았을 때 비로소 이 꽃에 대한 남다른 애착이 생겼다. 그 화려한 빛깔과 그 진한 향기 때문에.

어제 퇴근하여 돌계단을 오르자 마루의 꽃병에 노란 꽃이 잔뜩 보였다. 산국이었다. 아침에 아내가,

"오늘 산국 좀 꺾어와야겠어요."

하기에 작년처럼 말려서 차를 만들려나 했는데 갈무리하고 있는 걸 보니 꽃만이 아니라 가지까지 함께 전지가위로 자르고 있지 않은가. 의문을 확인하기 전에 아내가 먼저 말했다.

"당신이 걸핏하면 두통에 시달리잖아요. 그저께 텔레비전에서 보니 산국의 꽃과 가지를 함께 말려 베갯속에 넣으면 머릿속이 맑아진다고

해서……."

은근한 배려가 고마웠다.

"그런데 좀 적은 것 같아요. 조금만 더 있었으면 좋겠는데……."

하고 흐리는 말에,

"알았어. 내 곧 옷 갈아입고 따오지."

작년에는 산국을 따러 산에까지 올라가야 했는데 올해는 산보다 집 주변에 더 많이 피었다. 우리 집의 위치가 앞만 제외하고 양옆과 뒤가 산이니 한 걸음만 나가면 산국이 지천이다. 가뿐한 마음으로 낫을 들고 갔다. 그리고 산국이 흐드러지게 피어 있는 곳에 낫을 들이대었다.

그런데…… 갑자기 윙윙 하는 소리가 나는 게 아닌가. 벌이었다. 해도 녀석들을 쫓아버리고 다시 낫을 들이대는데 아까보다 훨씬 더 많은 수가 몰려들었다. 잠깐 동안 위기의식을 느꼈다. 비록 말벌이나 땡삐[76]에는 못 미치지만 쏘이면 당연히 아플 터.

그러나 아내에게 큰소리치고 나왔는데 그냥 물러날 수 없어 주위를 둘러보니 마침 대나무가 보였다. 대나무를 들고 꽃은 다치지 않게 조심스럽게 녀석들을 겨냥하여 휘두르자 물러난다. 그런 뒤 다시 낫을 대려는데 물러났던 벌들이 다시 몰려든다.

아무래도 본때를 보여줘야겠다 싶어 작정하고 휘두르는데 의문이 들었다. 저들이 왜 이렇게 결사적으로 달려들까 하는. 답은 쉽게 나왔다. 저들의 양식을 위해서라는. 이런 인식 뒤에 또 다른 인식이 따랐다. 이 산국은 사람에게는 그냥 꽃이지만 벌들에게는 먹이가 아닌가. 이제 벌

---

76) '땅벌'의 경상도, 충청도, 강원도 사투리.

들은 곧 닥쳐올 겨울에 대비해야 한다. 즉, 월동준비를 해야 하는 것이다. 그러려면 가능한 많은 꿀을 모아야 하고. 그래서 가을 느지막이 피어 있는 산국에 매달려 있음이다.

그런데 산국을 꺾어간다면? 벌은 꿀을 모으지 못하게 되고 그러면? 결국 나의 이기심이 꽃을 꺾으려 든 셈이다. 산국차를 만들어 마시고 베갯속에 넣어 두통을 없애겠다는 얄팍한 이기심이 꽃을 꺾으려 든 것이다. 또한 산국이 비록 활짝 피었다 질 때쯤이지만 지나가는 이들이 자연스럽게 볼거리를 없애버리려 했던 셈이다.

가만 생각해보면 이번뿐이 아니다. 얼마 전에 벼메뚜기를 잡을 때도 마찬가지였다. 올해는 논에 약을 거의 치지 않았다는 말을 듣고 벼메뚜기를 잡으러 갔다. 그리고 잡은 메뚜기등을 강아지풀로 꿰었다. 이런 일은 나 어릴 때는 아주 일상적인 일이었다. 어쩌다 마을에 들른 이들로부터 강아지풀에 등을 꿰인 벼메뚜기를 보고, "어머나, 잔인해라!" 하는 말을 들었지만 어릴 때의 추억을 돌이켜보는 작업이라 여겨 별로 가책이 되지 않았다.

이번 산국도 마찬가지다. 만약 윙윙거리는 벌을 보지 못했다면 아무 거리낌 없이 낫으로 베어 햇볕에 널어놓았을 것이다. 그리고 나중에 맛볼 산국차 맛을 음미하며 혼자 입맛을 다실지도 모르고, 산국베개를 벨 기쁨에 흐뭇한 미소를 흘렸을지 모른다.

빈손으로 갔더니 아내가 의아한 눈길로 본다.
"벌들 때문에……."
더욱 의아한 눈길이다.
"산국을 꺾으려는데 벌들이 마구 잉잉거리잖아. 그래서 못 꺾었어."

무슨 말인지 알겠다는 듯 배시시 입가에 웃음이 돌더니, 손에 다듬고 있던 산국을 가리키며,

"그럼 이것도 다 갖다버릴까요?" 했다.

놀리는 말인 줄 아는 터라 갖다 버리라고 하려다가,

"이왕 꺾어놓은 건 어쩔 수 없지." 했다.

아 나의 이기심! 언제쯤 고쳐질까?

한쪽의 부족함을 채워주는 깨감나무

어제 언덕에 심은 호박을 따러 갔다가 발을 멈추었다. 작년에 잘라버린 깨감나무 그루터기의 휑뎅그렁한 모습이 눈에 들어왔기 때문이다. 작년에 집 지을 때 그 나무가 전망을 가려 베어낼지 그대로 둘지 몰라 망설이자 일꾼 한 사람이 "이거 아무짝에도 쓸모없는 거요." 하는 말에 그냥 자르게 했다. 그게 지금은 얼마나 후회되는지.

깨감나무는 표준어로는 '고욤나무'라 하고 지역에 따라서는 '땡감나무'라 하는데, 깨처럼 작은 감이 열린다고 하여 붙여진 이름이 정겨워 이 명칭을 즐겨 쓴다. 깨감나무는 그 이름 속에 '감'이 들어 있으므로 감이 열리긴 한다. 하지만 그 감은 너무나 작고, 익어도 맛이 없고, 또 씨가 많아 먹기 위해 재배하는 집은 없다. 간혹 술을 담그는 데 이용하는 집이 있다고 하나 그것도 극소수일 뿐.

달내마을에는 깨감나무가 많다. 어른들 말에 따르면 옛날에는 집집마다 댓 그루씩 심었다는데, 이제 집 가까이 있는 나무는 다 잘라버려 거의 보이지 않지만 이전에 살던 산동네로 가면 아직도 많이 있다 한다. 그 소리를 듣고 처음엔 꽤 궁금하였다. 제대로 먹지도 못할, 아무짝에도 쓸모없는 그 나무를 줄줄이 심어놓은 까닭을. 나중에 깨감나무를 심은 까닭이 깨감을 따먹기 위해서가 아니라 단감나무와 접붙이기 위해서라는 얘기를 들으면서 의문이 풀렸지만.

깨감나무는 일반 감나무보다 훨씬 빨리 자란다. 대신에 단감나무는 자라는 속도가 더디다. 이 둘을 접붙임으로써 빨리 자라면서 단감이 열리는 나무로 바뀌는 것이다. 또 거기에 맺히는 감은 순수 단감나무에서 열리는 감보다 뒤떨어지지 않는다니…….

두 나무의 문제점이 하나로 합쳐짐으로써 서로의 결점을 보완한 것이다. 이런 경우가 깨감나무 말고 다른 과일에도 적용되는 경우를 들은 적이 있다. 대부분의 접붙이는 과실수가 바로 이런 과정을 통해 훨씬 빨리 더 나은 형태로 탄생한다는 것이다.

신임 교육부장관 내정자가 학자일 때 쓴 논문 속에 평준화를 반대하는 내용이 있었고, 또 요즘 들어 평준화 지역에선 그것의 문제점을 지적하여 비평준화로 만들려는 여론이 이는 지역도 있다. 그리고 비평준화로 이어지는 전단계로 우열반 편성을 지시한 지역 교육청이 늘어나고 있는 추세라 한다.

우열반 편성이든 고교의 비평준화든 그 목적은 우수한 아이들을 열등한 아이들과 분리시키는 데 있다. 언뜻 보면 우수한 애들은 우수한 애들끼리, 열등한 애는 열등한 애들끼리 공부시키면 함께 두었을 때보다 오히려 학습 효과가 좋아진다는 생각을 하기 쉽다. 그러나 과연 그럴까?

특수목적고란 이름으로 불리는 학교들 대부분이 '특수'란 이름을 상실한 지 오래다. 예를 들어 'ㅇㅇ외고'는 외국어 능력을 향상시켜 우수 외교관 양성이라는 본래의 설립 목적 대신 오직 명문대에 들어가기 위한 관문으로 존재하고 있다.

그런데 이보다 더 큰 문제는 중학교에서 전교 10등 이내의 우수한 아이들만 모아놓다 보니 경쟁이 다른 곳보다 더욱 치열하다. 1등 하는 아이가 있는 반면 꼴찌 하는 아이도 생긴다. 다른 곳에서는 자부심을 가지며 생활할 아이가 열등학생이 돼버린다. 그러지 않으려면 치열한 경쟁에서 살아남아야 한다.

열등생이 돼버린 경우에는 아까운 인재의 매장이라는 비극을 초래하지만, 살아남은 우등생에게도 순수한 인간성의 상실이라는 문제가 생겨난다. 학부모도 사회도 오직 저를 위해 존재하는 양 저 자신만 알지 주변을 알지 못한다는 점이다. 이는 그곳에 근무하는 교사가 아니더라도 충분히 짐작할 수 있을 게다. 무한경쟁에 내몰리면서 우정은 이미 상실돼 친구가 적이 돼버릴 수밖에 없는 현실에서 어떻게 순박한 인간성을 양성할 수 있을까? 어떻게 전인교육이란 말을 쓸 수 있을까?

학교는 공부만 가르치는 곳이 아니다. 그래서 인성교육이란 말도 나왔지 않은가. 그 말은 그냥 교육학 서적에 나오는 단어로만 그쳐선 안 된다. 만약 공부만 가르친다면 학교란 이름보다 학원이란 이름이 합당할 것이다.

그리고 더더욱 중요한 것은 아이들이 선생님에게서만 모든 걸 배우는 게 아니다. 친구에게서 배우는 게 어쩌면 더 많을지 모른다. 그리고 그 친구는 꼭 성적이 우수한 아이만이 아니다. 성적만 뒤떨어질 뿐 다른 면에서는 오히려 더 나은 면이 많은 아이들이 수두룩하다. 인간성에서, 김수성에서, 민족의식에서, 봉사정신과 희생정신에서 등등. 서로가 부족한 걸 보면서 채워가는 곳이 바로 학교인 것이다.

깨감나무는 결코 쓸모없는 나무가 아니다.
성적이 뒤떨어지는 아이가 쓸모없는 아이가 아니듯이.

그래서 나는 이제 깨감나무를 하등 쓸모없다고 말하지 않으련다.
단감나무만 감나무라고 절대 말하지 않으련다.
깨감나무든 단감나무든 홀로 있으면 빈약하다.
그 빈약함은 서로 함께 붙어 있음으로써 채워지는 것이기에.

어울려야 아름다움은 더욱 빛난다

어제와 그제 우리 집에 사람들이 많이 다녀갔다. 그저께는 글 쓰는 선생님들의 모임이 우리 집에서 있었고, 어제는 잘 알고 지내는 선생님 부부가 찾아왔다.

이즈음의 달내마을은 진달래꽃과 개나리꽃이 남아 있기는 하지만 제 빛깔을 잃어 언뜻 보면 전보다 못한 듯 보인다. 그러나 이는 정말 진달래꽃과 개나리꽃만을 봄꽃의 대명사로 인식한 데서 나온 편견일 뿐이다.

우선 큰 나무 대신 작은 봄꽃들이 나지막이 엎드린 채 옹기종기 나름의 꽃빛을 드러내고 있다. 그럼 나지막한 꽃들만 아름다운 것일까? 아니다. 큰 나무들의 잎사귀가 파릇파릇 제 빛깔을 찾아감은 물론 나뭇가지 사이로 꽃들도 슬슬 기지개를 켜고 있다.

어제 들른 직장동료의 부인이 오는 길에 보니 깎아지른 산중턱에 진달래꽃이 너무 예쁘게 피어 있더라고 했다. 짐작 가는 바가 있어 어디쯤이냐고 여쭈었더니 어디어디라고 했다. 그래서 빙긋 웃으며,

"거기 그 꽃들은 진달래꽃이 아닙니다." 하자,

"진달래꽃 같던데……. 그럼 무슨 꽃인가요?" 했다.

"산복숭아꽃, 즉 시인 박목월이 노래한 '산(山)은 / 구강산(九江山) / 보랏빛 석산(石山) // 산도화(山桃花) / 두어 송이 / 송이 버는데 // 봄눈 녹아 흐르는 / 옥 같은 / 물에 // 사슴은 / 암사슴 / 발을 씻는다' 에서의 산도화가 바로 그 꽃이지요."

그때 동료가 끼어들었다.

"그러면 산 중간중간에 피어 있는 흰 꽃은 또 무엇인가요?" 하기에,

"그것들은 산벚꽃입니다."라고 했다.

"세상에 산벚꽃, 산복숭아꽃이 그렇게 예쁘다니……!"

나도 작년에 처음 그걸 보았을 때는 그분들처럼 감탄사를 터뜨렸다. 사람들이 쉽게 오를 수 없는 깎아지른 절벽에 오연하게 피어 있는 붉은 꽃을 진달래꽃이 아닌 다른 꽃으론 생각지도 못했다. 그런데 그게 바로 무릉도원 할 때 바로 그 복숭아꽃이었으니…….

달내마을 주변의 산에는 산벚꽃이 유난히 많다. 대부분 소나무 등의 상록수림인 숲속에 곱고 하얀 자태를 뽐내며 피어 있는 꽃들은 마치 소나무 사이에 살포시 내려앉은 학의 무리를 보는 듯하다.

아침저녁 출퇴근할 때 울산시에 들어서서 직장 근처까지 오면 주전 바닷가가 나오고 이내 남목이라는 곳에 이른다. 그 길가의 대략 2킬로미터에 벚꽃이 매우 화려하게 피어 있다. 군항제로 유명한 진해 어느 거리나 또 벚꽃이 유명하다고 하는 어느 거리와 견주어도 전혀 손색이 없다. 그래서 굳이 벚꽃 구경을 갈 필요를 잊은 지 이미 오래다.

그런데 산벚꽃은 그런 벚꽃들과는 사뭇 다르다. 온통 벚꽃이 터널을 이어 하얀색으로 도배된 그 길이 아름답다는 표현을 하는 데 나도 주저하지 않는다. 그러나 산벚꽃과는 전혀 다른 느낌을 준다. 우선 산벚꽃은 떼 지어 피어 있지 않다. 비록 주변 산에 산벚꽃이 많기는 하지만 그래

도 다른 나무에 비하면 얼마 되지 않는다. 그 푸르름 속에 오롯이 피어 있는 하얀 자태가 돋보이는 것이다.

아스팔트가로 즐비하게 늘어선 벚꽃을 인조미인에 비한다면, 산벚꽃은 순수미인이다. 즉, 앞엣것이 색조화장으로 한껏 인공미를 더한 미스코리아 대회에 출전한 여자들이라면 뒤엣것은 화장기가 전혀 없으면서도 수수한 아름다움을 간직한 순수 산골처녀이다.

그러나 나는 산벚꽃의 아름다움을 그 수수함에서보다 어울림에 더 점수를 준다. 가로수의 벚꽃은 다른 빛깔이 침범하기를 꺼린다. 아니 다른 빛깔이 섞이면 오히려 어색하다. 마치 하얀 도배지 위에 붉거나 푸른 물감을 아무렇게나 뿌려놓은 듯이.

그런데 산벚꽃은 그것만 있으면 오히려 어색해진다. 흰빛만으로 살아나는 게 아니라 여러 빛깔의 어울림 속에 그 빛깔이 살아나는 것이다. 즉, 산벚꽃은 상록수림에 섞여 있기에 그 아름다움이 빛나는 것이다. 온 산이 희기만 하다면, 온 산이 푸르기만 하다면 산은 오랫동안 가까이할 존재가 되지 못한다.

우리 사회는 이상하게도 한 가지 빛깔만 고집하는 경우가 많다. 한 가지 의식, 한 가지 사상만을 고집한다. 그래서 나와 빛깔이 다르면 그 사람은 나와 적이 되거나 원수가 된다. 다양한 사고가 어울려야 새로운 사고가 만들어지지 한 가지 사고만 있다면 그 사회는 진보는커녕 퇴보하고 맒을 분명히 알 진대.

지금 우리 사회가 안고 있는 갈등은 바로 한 가지 빛깔만을 고집함으로써 생겨났다. 보수주의자는 보수주의자의 말만 듣는다. 신문을 봐도 그런 경향의 신문을 본다. 진보주의자 역시 마찬가지다. 다른 쪽을 보지 않으려 한다. 서로가 멀리 떨어져 있지도 않고 바로 곁에 있는데도 두

부류는 서로 적이 돼 있다.

　나만 옳고 남은 그르다. 나 아닌 남은 적이다. 비록 내 편이 옳지 않은 의견을 내도 그 의견은 내 편이니까 맞장구를 쳐준다. 거꾸로 남의 편에 속한 이의 의견이 대단히 창의적이고 발전적이라 해도 나와 같은 편이 아니니까 비판을 위한 비판을 한다.

　산은 잡목이 많을수록 그 단풍이 아름답다고 한다. 줄창 붉은색만 있는 것보다 주황색도 있고 노란색도 있고 흰색도 섞였을 때 산은 더 아름다움을 빛낸다. 즉, 어울림의 묘미인 것이다. 우리 모임도, 우리 사회도 그랬으면 한다. 내 것, 내 마음에 드는 사람만 챙기는 것보다 나와 생각이 다른 사람까지 보듬어 안을 수 있는 그런 모임, 그런 사회가 되기를 빈다.

까투리의 모성애

하루 일을 마치고 퇴근하는 길이 즐겁지 않은 이 어디 있을까. 집에 가려면 울산 직장에서 차를 몰고 경주시 양남면사무소까지 25분쯤 되는 거리를 주로 바다를 끼고 달린다. 바다의 풍광을 바라보며 달리는 이 길이 즐겁지만 면사무소에서 집까지 오는 십여 분의 길이 더 즐겁다.

이 길은 늘 달리면서도 또 달리고픈 내가 가장 사랑하는 길이다. 양쪽으로 누운 제법 널찍한 논밭들을 가로지르며 달리는 평지길 8분, 오르막 산길 4분쯤에 이르는 짧은 시간 동안 이 길은 참으로 많은 걸 보여주고 많은 걸 생각하게 해주기 때문이다.

혹 직장에서 스트레스가 생겼다 하더라도 여기쯤 오면 거진 다 풀린다. 동해의 광활함과 웅장함이 내가 일상적으로 맞닥뜨리는 일들이 얼마나 사소한가를 깨닫게 해주고, 산과 들을 가로지르며 달릴 때 보이는 주변 동식물의 정겨운 삶이 '함께하는 삶'의 아름다움을 가르쳐주기 때문이다.

지난주에 미뤄왔던 일들을 다 처리하고 퇴근하는 터라 더없이 즐거운 마음으로 콧노래를 부르며 산길을 오르는데, 저 멀리 오른쪽 길섶에 까투리 한 마리가 엉거주춤 서 있는 게 보였다. 첫눈에도 도로를 건너가렴을 짐작케 하는 그런 자세였다.

  이 길을 가다보면 들짐승과 날짐승을 가끔씩 만난다. 다람쥐, 산토끼, 노루, 고라니, 너구리……. 그중에서 가장 많이 마주치는 게 꿩일 게다. 이틀에 한 번꼴로 만나다보니 여기쯤이면 나타날 때가 됐지 하며 슬며시 브레이크에 발을 얹는데, 오늘도 바로 그랬다.

  이제 잠시 후면 녀석이 지나갈 것이고, 그때까지만 기다리면 된다. 녀석들은 도로 위를 날아 뛰어넘기도 하지만 대체로 잽싼 걸음으로 지나간다. 그런데 오늘은 다른 날과 달리 움직이려 하지 않아 무작정 기다릴 수 없어 "빵 빵" 하고 경적을 울렸다.

  그러자 이쪽을 한 번 보는가 싶더니 건너편으로 날아가는 거였다. 그래서 출발하려고 액셀러레이터를 밟으려는데…… 아, 그만 올렸던 발을 도로 내려야 했다. 꼬마들이, 새끼들이, 꺼병이들이 줄이어 나오는 게 아닌가.

  한 마리, 두 마리, 세 마리……. 모두 여덟 마리였다. 어릴 때 이쁘지 않은 동물이 있으랴만 미처 갓 태어나 첫걸음마를 떼는 병아리들처럼 한 줄로 늘어서서 나란히 걸어가는 꺼병이(꿩의 새끼)들의 모습이 그렇게 귀여울 수 없었다. 그러다 문득 드는 생각이 있어 건너편을 보니 어미까투리가 이쪽을 보고 있는 게 아닌가.

  어미는 새끼들을 데리고 차가 오지 않을 때를 골라 도로를 건너가려 했을 것이다. 그런데 마침 내 차가 왔고. 그냥 지나쳐가기를 바랐는데 내 차가 서는 바람에 저도 섰고. 저 뒤에는 새끼들이 딸려 있었고. 도로를 건널까 말까 판단하기 어려웠을 때 클랙슨이 울렸고. 어쩔 수 없이 날아야 했지만 새끼들이 걱정돼 바로 도로 건너편에서 마음 졸이며 이쪽을 바라보았으리라.

순간적으로 비상스위치를 누르면서 뒷거울을 보았다. 다행히 차는 보이지 않았다. 그리고 두 손을 모았다. 제발 이들이 무사히 지나갈 때까지 맞은편에서 차가 오지 않기를 기도했다. 오르막길은 직선도로라 뒤에서 앞을 볼 수 있지만 반대쪽 내리막길은 바로 굽이길이라 앞을 볼 수 없으니 대부분의 운전자라면 브레이크를 밟기보다는 그냥 치고 지나갈 수밖에 없는 위치였다.

원래 차 통행이 적은 덕인지 기도의 덕이었는지, 다행히 꺼병이들이 무사히 건너자마자 트럭 한 대가 쏜살같이 내려왔다. 가슴을 쓸어내리며 맞은편을 보니 이미 길섶으로 다 들어가선지 보이지 않았다.

인터넷에서 네 살짜리 남자아이가 한 달 동안 버려져 썩어가는 시체로 발견된 뉴스를 보았다. 아이의 사인은 아직 확실히 밝혀지지 않았으나 어머니가 자물쇠를 채운 채 아이 혼자만 두고 나갔기에 영양실조 때문일 거라는 언급이 붙어 있었다. 텔레비전 뉴스는 더욱 부끄러운 이야기를 들려준다. 아직 채 여자가 되기도 전의 딸애에게 성매매를 시킨 엄마 이야기, 도둑질을 가르쳐줘 그대로 하게 한 아빠 이야기…….

하찮은, 정말 하찮은 미물이지만 제 새끼가 혹 위험에 처할까 안절부절못하며 길만 주시하던 그 간절한 눈을 떠올리자 우리 인간이 그 하찮은 미물에게조차 못 미치지는 것은 아닌가 하는 생각에 그만 부끄러움으로 얼굴이 달아올랐다.